KB199016

합격 생기부 절대 원칙, 탐구력

2028 대입 합격 전략, 주제 탐구:
탐구력을 생기부에 효과적으로 반영하는 법

합격 생기부 절대 원칙

탐구력

팀유니온 지음

포르체

미로가 해결의 대상이 아니라 탐구의 대상이라면

우리가 미로 앞에 놓이면 입구에서 출구까지 도달하는 길을 찾으려고 할 것이다. 목적지로 이어지는 단 하나의 길을 찾는 것만이 목적이라면 미로를 헤매는 과정은 지치고 힘든 과정이 될 수 있다. 하지만 미로에서 길을 찾으며 어떤 길로 가야 할지 고민하고, 막다른 길에서 또 다른 길을 탐색하며 느끼는 호기심과 긴장감 그 자체를 즐긴다면 어떨까? 미로에 머무는 시간이 더는 답답한 고통이 아니라 오히려 흥미로운 탐험이 될 것이다.

기존의 교육과정에서는 미로와 같은 문제들을 '해결해야 할 대상'으로 간주하며 정답을 잘 찾는 학생을 우수하게 평가했다. 그러나 빠르게 변화하고 발전하는 미래 사회에서 정답을 찾는 능력 보다 미로 자체를 탐구하고 창의적인 방식으로 해결해 나가는 능력이 더 중요하다.

미로 속에서 길을 찾으며 기존의 답을 반복하는 것이 아니라 미로의 구조와 패턴을 탐색하고, 다양한 시도를 통해 새로운 관점을 떠올리고 해결책을 제시해야 한다. 또 미로를 통과할 수 있는 엉뚱하고 참신한 방법도 제시할 수 있어야 한다.

미래 사회가 필요로 하는 인재상이 변화하면서 자연스럽게 대학이 원하는 인재상도 달라지는 추세다. 입시 추세가 계속 변하다 보니 학생들도 입시 로드맵을 그리고 그에 대비해 많은 준비를 하는 것이 쉽지 않은 상황이다. 하지만 앞으로의 입시에서 어느 대학이든 공통적으로 요구하는 중요한 역량을 대표적으로 꼽는다면, 다름 아닌 탐구력이다. 명문대에서 키우고자 하는 미래의 인재는 인공지능과 차별되는 인간만의 새로운 관점과 창의적인 방식으로 미로를 마주할 수 있어야 한다. 앞으로 깊이 있는 지식의 확장을 통해 자신의 길을 개척해 나가는 탐구자들이 입시라는 첫 관문을 잘 통과할 가능성이 높다.

명문대는 탐구력 있는 인재를 원한다

입시는 단순한 암기나 시험 점수가 아니라 학생이 가진 고유한 역량과 잠재력을 평가하는 방향으로 변화하는 중이다. 실제로 서울대학교를 비롯한 여러 명문대에서 입시 전형안 발표 등을 통해 탐구력을 갖춘 학생을 선호한다는 사실을 분명히 밝혔다. 어떤 문제에 맞닥뜨렸을 때 호기심을 바탕으로 스스로 문제를 정의하며 해결해 나가는 능력을 갖춘 인재를 원한다는 뜻이다. 이는 학생이 지식을 바라보는 관점과 태도, 그리고 지식을 확장해 나가는 모습을 평가하겠다는 의미이기도 하다.

현재 고등학생들이 탐구력을 가장 효과적으로 보여 줄 수 있는 방법은 학교생활기록부를 체계적으로 디자인하여 배운 지식을 연계·심화·확장하는 모습이 학교생활기록부에 잘 기재되도록 하는 것이다. 과거에는 학생부종합전형에서 보여 줘야 하는 활동이 워낙 많았기 때문에 정시 위주의 입시 전략을 선택하는 경우가 적지 않았으나, 지금의 학생부종합전형은 효율적인 활동으로 정시와 병행하는 것도 충분히 가능하다. 따라서 재학생들은 학생부종합전형을 적극적으로 공략해야 한다.

학교생활기록부에 내신 성적만 기록되는 것이 아니다. 학교생활기록부는 학교에서 교내 활동에 참여하는 태도와 학생의 역량, 그리고 미래의 발전가능성을 종합적으로 볼 수 있는 자료이다. 따라서 학교생활을 충실히 하면서 그 방향성과 전략만 잘 선택해도 충분히 학생부종합전형에서 우수한 평가를 받을 수 있다. 오히려 이를 뒷전으로 하고 정시에만 매달리는 것은 어려운 길을 돌아가는 선택이라고 봐야 한다.

특히 입학사정관이 무엇보다 주목하는 것은 해당 학생이 자신의 관심 분야를 탐구하고 심화하는 과정이다. 그래서 탐구력이 뚜렷하게 드러나는 학교생활기록부는 서울대를 비롯해 여러 명문대에 동시에 합격하는 경우도 많다. 즉 대학에서 우수하게 평가되는 학생은 반드시 자신만의 탐구 역량을 선명하게 기록한 학교생활기록부를 가졌다는 뜻이다.

처음에는 탐구력이 드러나는 학교생활기록부를 디자인하는 것이 막막하게 느껴질 수 있다. 하지만 이 책에서 제시하는 탐구 방법과 절차를 따라가다 보면 어느 순간 특별히 노력하지 않아도 진로 분야의 지식이 확장되었다는 것을 깨닫게 될 것이다. 고등학교 생활을 하면서 탐구의 기록을 차곡차곡 쌓는 것은 입시에 있어 가장 핵심적인 경쟁력인 동시에 미래를 이끌어 갈 인재가 반드시 배워야 하는 과정이기도 하다. 입학사정관이 주목하고 명문대가 원하는 차별화된 학교생활기록부를 디자인하기 위해 지금 바로, 탐구력에 집중해야 한다.

변화하는 미래에 필요한 역량

우리의 삶에는 정답이 정해지지 않은 문제가 많다. 더구나 과거와 달리 사회는 빠르게 변화하고 새로운 기술과 도구가 쏟아져 나오는 중이다. 즉 기존에 문제를 해결했던 방식이 더는 최적의 방법이 될 수 없는 시대다. 오히려 답을 찾는 과정에서 시행착오를 겪고, 실패하더라도 다양한 방식으로 문제를 해결하기 위해 노력하는 것이 가치 있는 결과를 가져다주기도 한다.

세계경제포럼의 수장 클라우드 슈밥은 저서 《제4차 산업혁명(The Fourth Industrial Revolution)》에서 우리가 기술 혁명의 문턱에 서 있으며, 이 혁신이 우리의 삶 전반을 재구성할 것이라고 강조했다. 실제로 인공지능, 빅데이터, 사물인터넷(IoT) 같은 제4차 산업혁명의 핵심 기술들이 이미 일상에 깊게 스며들어 혁신의 가능성을 증명하는 중이다.

생성형 인공지능은 단 몇 초 만에 인간이 작성해 낸 듯한 에세이를 완성하고, 빅데이터는 우리의 온라인 행동을 분석하여 개인 맞춤형 광고를 더욱 정교하게 제공한다. 사물인터넷이 구현된 스마트홈 시스템은 음성으로 불을 끄고 온도를 조절하며, 냉장고 속 부족한 식재료를 자동으로 주문하게 해 준다. 이러한 기술의 발전은 인간의 삶을 새롭게 정의하는 동시에 우리가 지식과 기술을 어떻게 습득하고 활용해야 하는지에 관해 중요한 질문을 던진다.

미래에는 지식의 유효 기간이 단축될 것이다. 과거에는 특정 분야의 전문성만으로도 사회의 요구를 충분히 충족시킬 수 있었으나, 기술의 급속한 발전으로 기존의 많은 직업이 변화를 겪게 됐다. 세계경제포럼이 발간한 〈Future of Jobs Report 2023〉에서 "2027년까지 기업의 업무 중 42%가 자동화될 것으로 예상되며, 호기심과 평생 학습의 중요성이 빠르게 증가하고 있다"고 분석하기도 했다.

과거처럼 특정 분야의 전문성만으로 평생을 살던 시대는 빠르게 종결되는 추세이며, '평생 학습 능력'이 현대인의 필수 역량으로 자리 잡았다는 것이다. 따라서 현대 교육은 단순히 정답을 암기하는 것을 넘어, 학생들이 새로운 문제를 탐구하고 해결하는 능력을 길러야 한다는 요구에 직면했다. 변화하는 환경 속에서 새로운 문제를 탐구하고 해결할 수 있는 역량이 필수가 된 것이다.

또 단일 학문적 접근만으로 해결할 수 없는 복잡한 문제들이 증가하면서, 다양한 분야의 지식을 융합하고 협력하여 해결책을 모색하는 역량이 필수적이다. 예를 들어, 기후변화 문제를 해결하기 위해서는 환경학, 경제학, 정치학, 사회학 등 다양한 학문의 통합적 접근이 필요하다. 이는 단순히 교과 지식을 전달하는 교육을 넘어, 학생들이 여러 관점을 연결하고 실질적으로 응용할 수 있는 사고력을 갖추는 것이 중요하다는 점을 시사한다.

즉 앞으로 새로운 환경에서 빠르게 적응하고 필요한 정보를 응용할 수 있는 능력이 필요하며, 정답이 없는 문제를 자신의 관점에서 정의하여 창의적인 접근 방식을 시도할 수 있어야 한다. 탐구력을 갖춘 인재는 미로에서 빠른 출구를 찾는 것에만 연연하거나 미로 속에서 길을 잃을까 봐 두려워하지 않는다.

탐구력은 성장을 위한 지속가능한 힘

미래에 더욱 중요한 역량인 탐구력은 자기주도적으로 관심사를 탐색하고 확장하며 지식을 심화시켜 가는 과정에서 자라난다. 그리고 이처럼 자기주도적인 해결 능력은 단순히 대입에만 적용되는 것이 아니다. 세상을 살아가면서 겪는 수많은 문제 상황을 우리는 어떻게 해결하고 극복하게 될까? 친구에게 조언을 얻을 수도 있고, 인터넷에 검색을 해 볼 수도 있겠지만 대부분의 문제 해결법은 공부를 하는 과정과 유사하다. 명확한 근거를 바탕으로 다양하고 창의적인 해결책을 모색하는 것이다.

이렇게 문제를 해결하는 과정과 절차에 익숙해지면 삶에서 맞닥뜨리는 문제 상황 속에서도 막연하게 고민하기보다 적극적으로 해결책을 찾으려 노력할 수 있다. 교과를 바탕으로 한 탐구 활동의 연계·심화·확장이 자연스럽게 이루어진다는 건 학교 바깥의 세상에 나가서도 유사한 방식으로 탐구를 지속할 수 있다는 뜻이다.

제2차 산업 시대처럼 제품을 생산하거나 행정 업무만 처리하며 발전하는 시대가 아니라 창의적인 아이디어를 바탕으로 한 사고력이 더욱 중요한 시대가 되었다. 미래 사회에는 새로운 문제를 스스로 정의하고 탐색하며 해결하는 경험이 필요하다. 탐구력을 바탕으로 문제 상황을 해결하는 훈련이 잘 되었다면 개인의 삶을 영위할 때 더욱 깊이 있는 사고를 할 수 있다.

다만 탐구의 중요성이 강조되는 데 비해 실제 학교 현장에서 그 과정과 절차를 체계적으로 배우기는 현실적으로 어려운 부분도 있다. 기본적인 학업 수행 능력을 키우고 평가하는 것만으로도 교사들의 할 일이 너무 많기 때문이다. 토론이 중요한 것은 알지만 토론의 방법과 절차를 잘 모르거나, 독서의 필요성은 체감하지만 어떤 책을 찾고 읽어야 하는지 몰라 막연해하는 경우가 많다. 그래서 다양한 활동을 수행하면서도 많은 시행착오를 겪으며 먼 길을 돌아가야 하는 경우도 있다. 탐구의 절차를 익히고 반복적으로 연습할 기회가 부족하기 때문이다.

요즘 아이들이 꿈이 없다고 쉽게 비난받곤 하는데 사실 꿈이 없는 것도, 꿈이 많은 것도 자연스럽고 당연한 일이다. 이를 조금 더 또렷하게 다듬고 명료하게 꿈을 꾸기 위해 명확한 가이드에 따른 연습이 필요하다. 탐구력은 저절로 습득할 수 있는 것이 아니라, 반복적인 경험과 훈련으로 자라난다. 체계적인 훈련 과정을 거친다면 충분히 자신만의 탐구 역량을 기를 수 있고, 이를 통해 진로를 설정할 수 있으며, 삶의 다양한 상황 속에서도 주도적으로 해답을 모색할 수 있는 능력을 갖출 수 있게 될 것이다.

목차

들어가는 말   **4**

1장   입시 첫걸음, 탐구력이 핵심이다

지금, 탐구력에 주목해야 하는 이유   **18**

2022 개정 교육과정이 의미하는 미래 인재상   **21**

2022 개정 교육과정의 주요 내용   **25**

  1) 교과목 체계와 이수 단위의 변화   **26**

  2) 국어, 수학, 영어, 사회, 과학 교과의 주요 선택 과목   **32**

과목 선택 체험을 통한 나만의 학습 설계   **39**

  1) 진로 맞춤형 과목 선택 시뮬레이션   **39**

  2) 진로에 따른 모의 과목 선택   **43**

자기주도적 교육의 기대 효과와 도전 과제   **46**

2장   미래형 인재를 선발하는 입시의 흐름을 읽어라

2028 대입 제도의 변화   **52**

  1) 통합형·융합형 수능의 도입   **53**

  2) 내신 5등급제 전환과 평가 방식 변화   **55**

  3) 대입 전형 방식의 재설계   **58**

학생과 학부모를 위한 슬기로운 학교생활 Tip   **62**

  1) 균형 있는 내신, 수능, 비교과 활동   **62**

  2) 학년별 대학 준비 로드맵   **65**

학생부종합전형에서는 어떻게 우수한 학생을 판단할까   **67**

  1) 학업 역량   **70**

  2) 진로 역량   **74**

  3) 공동체 역량   **82**

3장 경쟁력 있는 학교생활기록부 디자인하는 법

매력적인 학교생활기록부는 주제 탐구와 독서에서 출발한다   88

학교생활기록부 기재 요령 이해   94
  1) 학교생활기록부 평가 기준   95
  2) 주요 영역 기재 요령   99

창체의 시대! 창의적 체험 활동   109
  1) 자율·자치 활동   110
  2) 동아리 활동   114
  3) 진로 활동   116
  4) 창의적 체험 활동의 기록 변화   119

지적 탐구가 태도로 드러나는 교과 학습 발달 상황   125
  1) 세부능력 및 특기사항   126
  2) 세부능력 및 특기사항 기재 예시   129

추천서를 대신하는 행동특성 및 종합의견   132
  1) 행동특성 및 종합의견의 이해   132
  2) 행동특성 및 종합의견 기재 예시   135

4장 자기 이해를 기반으로 한 진로 탐색

꿈이 없어도 지적 탐구를 계속해야 하는 이유   138

진로 설계를 위한 자기 이해   142
  1) 내 꿈은 어떻게 변했을까?   144
  2) 자기 이해를 위한 질문지   145
  3) 직업(진로) 탐색을 위한 질문지   146

진로 검사의 종류   147

대학 및 학과에서 희망 계열 탐색하기   152
  1) 희망 계열(학과) 찾기   152
  2) 희망 대학 및 학과(전공) 정보 탐색   155

TED/MOOC 활용하는 방법   163
  1) TED/MOOC 활용 방법   165
  2) TED/MOOC 활동 PPT 예시   171

5장 탐구력 신장을 위한 주제 탐구 활동

새로운 대입에서 학생의 성장을 보여 주는 방법	**180**
1) 대입의 변화에 따른 창체의 세특화	**181**
2) 주제 탐구에서 보여 줘야 하는 핵심 역량은 '탐구력'	**183**
주제 탐구 활동의 구체적인 과정과 절차	**186**
주제 선정을 위한 인공지능 활용 방법	**193**
1) 활용 가능한 인공지능	**193**
2) 인공지능을 활용한 질문과 개요 작성 방법	**197**
깊이를 더하는 주제 탐구 활동 탐색 방법	**203**
주제 탐구 보고서 작성과 결과 정리	**216**
1) 주제 탐구 보고서 작성 절차 및 방법	**219**
2) 좋은 주제 탐구를 위한 Tip	**220**
3) 주제 탐구 활동 결과 정리	**222**
4) 주제 탐구 활동 예시	**223**

6장 책 읽기에서 탐구력으로 확장하는 법

주제 탐구의 시작과 마무리는 독서   **230**

  | 1) 독서 활동에서 주제 탐구 활동으로 연계·심화·확장하기   **233**

  | 2) 교과 활동에서 창체 활동으로 연계·심화·확장하기   **235**

독서 활동을 위한 도서 탐색 방법   **237**

엮어 읽기와 깊이 읽기 독서법   **244**

  | 1) 엮어 읽기(다독) – 1학년   **244**

  | 2) 깊이 읽기(정독) – 2, 3학년   **246**

학년별 진로 독서 로드맵   **248**

사고를 키우는 독서 기록 방법   **251**

  | 1) 교양 서적 독서 기록   **251**

  | 2) 전공 심화 독서 기록   **256**

인공지능을 활용한 독서 기록 방법   **260**

참고 문헌   **267**

입시 첫걸음,
탐구력이 핵심이다

1
장

지금, 탐구력에 주목해야 하는 이유

　우리나라에서 명실상부 최고의 대학으로 꼽는 서울대학교의 2028년 입시 전형안이 발표됐다. 내용을 살펴보면 지금까지의 입시 제도와 완전히 달라졌다는 사실을 알 수 있다.

　과거 학력고사 시대에는 오직 암기 능력이 중요했기 때문에 열심히 공부하기만 하면 합격할 수 있었다. 4시간 자면 붙고 5시간 자면 떨어진다는 말이 나올 정도였다. 당시에 기업에 면접을 보러 가도 암기 능력을 위주로 평가했다. 이미 발전한 선진국의 방식을 익히고 빠르게 따라가는 것이 목표였기 때문에 암기한 지식의 양이 중요한 평가 기준이자 경쟁력이 되었다.

　이후 정보화 시대를 맞이하여 사고력 평가를 위한 대학수학능력시험(수능)이 도입되었다. 인터넷이 발달하며 원하는 정보를 쉽게 찾을 수 있게 되었고, 단순히 많은 지식을 암기하는 것보다 그 지식을 어떻게 응용하고 활용하는지가 더욱 중요해졌기 때문이다.

그리고 현재 우리는 디지털 전환과 더불어 인공지능이 많은 일자리를 대체하는 또 다른 시대를 맞이하고 있다. 인공지능이 정보를 수집하고 분석하는 역할을 대신하면서 인간에게 요구되는 역량도 바뀌기 시작했다. 이제 자기주도적으로 문제를 탐구하고 해결하는 능력이 더욱 중요해졌다. 인공지능은 많은 양의 정보를 바탕으로 이를 빠르게 분석할 수 있지만, 문제의 본질을 이해하고 창의적인 해결책을 찾아내는 것은 여전히 인간의 몫이다. 따라서 정해진 답을 찾는 것이 아니라 스스로 질문을 던지고 창의적인 사고를 바탕으로 새로운 가치를 창출할 수 있는 탐구력을 갖춘 인재가 필요하다.

이러한 시대 변화와 함께 등장한 입시 전형이 바로 학생부종합전형이다. 현재 서울대의 입시전형안과 5개 대학교의 학생부종합전형 관련 공동 연구 내용을 살펴보면 뚜렷한 공통점이 보인다. 바로 탐구력을 평가하겠다는 것이다. 탐구력이란 주어진 지식을 그대로 받아들이는 것이 아니라, 호기심과 비판적 사고를 바탕으로 문제를 해결하고 창의적으로 사고하는 능력을 말한다. 따라서 탐구력은 점수로 증명할 수 없다. 반드시 자신이 가진 체화된 능력으로만 발휘된다.

서울대 전형안을 살펴보면 수시에서 면접의 비중이 강화되었으며 정시에서도 교과 역량 평가를 한다는 것을 알 수 있다. 향후 서울대 입시는 교과 학습과 연계하여 탐구 활동을 하고, 심화 배경지식을 습득한 학생들이 유리해질 가능성이 높아졌다.

이렇듯 대학에서 탐구력을 갖춘 인재를 원한다는 것은 곧 창의적인 문제 해결 능력을 갖춘 학생을 선발하겠다는 뜻이다. 과거 논술 전형에서도 창의적인 인재를 육성한다는 목표가 있었지만 '창의성'에 관한 정의는 다양했다. 학문적인 의미에서 보면 창의성은 단순히 새로운 아이디어를 떠올리는 발상적 창의성이 아니라 수렴적 창의성을 뜻한다. 학문적 의미에서의 창의성은 지적 호기심을 바탕으로 문제를 해결하기 위해 자료를 탐색하고, 재조합하는 능력을 의미한다.

　지금의 학생부종합전형에서는 이러한 창의성을 바탕으로 자기주도적 문제 해결 능력을 갖추는 것을 '탐구력'으로 규정한다. 즉 전공 분야나 진로 분야를 향한 호기심을 발전시켜 다양한 지식을 탐색하고, 이를 조합하여 자신의 배경 지식으로 확장해 나가는 능력을 중요하게 평가하는 것이다.

　이는 탐구력을 갖춘 학생들이 장기적으로 대학에 입학해서도 꾸준히 학업을 수행하고 미래의 인재로서 발전해 나갈 가능성이 높다고 보기 때문이다. 기존의 교육이 이미 정해진 정답을 찾는 데 초점이 맞춰졌다면, 앞으로는 학생이 스스로 문제를 찾고 해결하는 교육으로 능동적인 탐구 정신을 기르는 것이 교육의 방향성이다. 또 이러한 교육으로 길러진 탐구자들이 바로 미래 사회에서 요구하는 새로운 인재상이기도 하다.

2022 개정 교육과정이 의미하는 미래 인재상

미래 시대에 걸맞은 새로운 인재 양성을 목표로 하는 2022 개정 교육과정은 이전과 다른 새로운 방향성을 제시한다. 무엇보다 큰 특징은 급변하는 사회와 기술적 환경 속에서 학생들이 스스로 학습하고 미래 사회를 대비한 역량을 기를 수 있도록 하는 데 초점을 맞춘다는 점이다. 미래 사회는 개인화된 요구와 다양성을 존중하는 방향으로 나아가고 있으며, 이에 따라 교육도 학생들의 흥미와 적성, 진로에 맞춘 유연한 교육과정으로의 전환이 필요해졌다. 우선 새로운 입시와 미래 인재 양성에 대비하기 위해 교육과정 변화의 핵심과 의미를 이해해야 한다.

2022 개정 교육과정의 초·중등 교육과정 총론은 교육과정의 변화를 요청하는 주요 배경을 다음과 같이 설명한다.

우리 사회는 새로운 변화와 도전에 직면해 있으며, 이에 대응하기 위해 교육과정을 개정할 필요성이 제기되었다. 교육과정의 변화를 요청하는 주요 배경은 다음과 같다. 첫째, 인공지능 기술 발전에 따른 디지털 전환, 감염병 대유행 및 기후·생태환경 변화, 인구 구조 변화 등에 의해 사회의 불확실성이 증가하고 있다. 둘째, 사회의 복잡성과 다양성이 확대되고 사회적 문제를 해결하기 위한 협력의 필요성이 증가함에 따라 상호 존중과 공동체 의식을 함양하는 것이 더욱 중요해지고 있다. 셋째, 학생 개개인의 특성과 진로에 맞는 학습을 지원해 주는 맞춤형 교육에 대한 요구가 증가하고 있다. 넷째, 교육과정 의사 결정 과정에 다양한 교육 주체들의 참여를 확대하고 교육과정 자율화 및 분권화를 활성화해야 한다는 요구가 높아지고 있다.

이에 따라 2022 개정 교육과정은 학생 중심 학습, 역량 기반 교육, 디지털 전환 대응, 지속가능성을 위한 공동체 의식 함양이라는 네 가지 핵심 원리를 바탕으로 한다. 이는 학생들이 단순히 지식을 습득하는 것을 넘어, 자신의 삶을 주도적으로 설계하고 사회적 책임을 다할 수 있는 역량을 갖추도록 돕기 위한 것이다.

우선 학생 중심 교육은 "학생들이 자신의 진로와 학습을 주도적으로 설계하고, 적절한 시기에 학습할 수 있도록 학습자 맞춤형 교육과정 체제를 구축한다"는 원칙에서 잘 드러난다. 학생들은 정형화된 학습 과정에서 벗어나, 자신의 목표와 적성에 맞는 학습 경로를 설정하고 자기주도적 학습 역량을 강화할 수 있다. 특히 고교학점제의 도입은 학생들에게 과목 선택의 자유를 부여하여 자신만의 학습 경로를 설계할 기회를 제공한다. 표준화된 교육과정에서 벗어나 학생 스스로 자신의 학업과 진로를 결정하게 하여 자기주도학습 역량을 높이기 위한 것이다.

두 번째는 역량 중심 학습의 강화다. OECD(경제협력개발기구)가 발간한 〈Future of Education and Skills, 2030〉 보고서는 "역량이라는 개념은 단순히 지식과 기술의 습득을 넘어선 것을 의미하며, 이는 복잡한 요구에 대응하기 위해 지식, 기술, 태도, 가치를 동원하는 능력을 포함하고 있다"고 설명한다. 이를 위해 교육과정 총론에서는 "교과 간 연계와 통합, 학생의 삶과 연계된 학습, 학습에 대한 성찰 등을 강화한다"는 교육 방향을 설정한다. 예컨대 기후변화와 같은 복잡한 문제를 다룰 때, 학생들은 과학적 데이터를 분석하는 동시에 경제적·사회적 영향을 고려하는 통합적 접근을 경험하며 실질적인 문제 해결 역량을 기를 수 있다. 이뿐만 아니라 목표 달성 과정에서 단계별로 취해야 할 절차적 지식이나 학문 간 경계를 허물 수 있는 융합적 사고 역량도 함양하게 된다.

세 번째로, 디지털 전환 대응은 현대 교육에서 필수적인 요소로 자리 잡았다. "모든 학생이 학습의 기초인 언어·수리·디지털 기초 소양을 갖출 수 있도록" 설계된 교육 체계는 학생들이 디지털 환경에 적응하고 이를 주도적으로 활용할 수 있는 능력을 배양하려는 노력의 일환이다. 코딩, 데이터 분석, 디지털 콘텐츠 제작 등을 학습하면서 학생들은 제4차 산업 혁명 시대의 필수적인 기술을 습득할 수 있다. 이와 함께 인공지능 같은 첨단 기술의 윤리적 활용에 관해서도 고민해 볼 기회를 제공한다.

마지막으로 지속가능성과 공동체 의식 강화는 2022 개정 교육과정의 또 다른 중요한 원칙이다. "사회 구성원 모두의 행복을 위해 서로 존중하고 배려하며 협력하는 공동체 의식을 함양한다"는 원칙은 글로벌 사회에서 상호 협력과 지속가능성의 중요성을 강조한다. 이는 단순히 학문적 성취를 넘어 학생들이 환경, 평화, 인권 등 다양한 전 지구적 문제 해결에 기여할 수 있도록 돕는다. 다양한 문화적 배경을 이해하고 국제 문제를 비판적으로 분석하며, 전 지구적 차원의 문제를 주체적으로 참여해 책임감을 가진 뒤 행동하는 세계 시민으로 성장하도록 하는 것이다.

즉, 2022 개정 교육과정은 학생들이 단순히 지식을 습득하는 것을 넘어, 자신의 삶을 주도적으로 설계하고 사회적 책임을 다할 수 있는 역량을 갖춘 인재를 양성하고자 하는 것이다. 따라서 이를 단순한 과목 개편이나 대입 개편으로 바라보기보다 바뀐 교육과정이 어떤 인재를 양성하고자 하는지에 초점을 맞추어 이해해야 한다. 앞으로의 교육은 학내 학습과 시험 점수가 아니라 미래를 준비하는 역량과, 불확실성 속에서 스스로 답을 찾는 탐구자로서의 인재를 키워 내기 위한 방향으로 이루어질 것이다. 학생들도 이러한 방향을 명확하게 인식하며 학업에 임해야 한다.

2022 개정 교육과정의 주요 내용

    고교학점제는 2018년을 시작으로 일부 학교를 통해 시범 운영되다가 점차 확대되어 2025년부터 고등학교에 전면적으로 도입되었다. 고교학점제는 학생 개개인의 다양성과 자율성을 존중하며, 적성과 진로에 맞는 학습을 위한 제도다. 모든 학생이 학습해야 하는 공통과목 외에 학생들은 일반선택, 진로선택, 융합선택 과목 중 자신의 필요와 관심에 따라 원하는 과목을 선택할 수 있다.

    무엇보다 고교학점제는 단순히 과목을 선택하는 데 그치지 않고 학생들의 자기주도학습 역량을 강화하는 데 중점을 둔다. 자신이 선택한 과목의 학점을 이수해야 졸업할 수 있기 때문에 체계적으로 학업 계획을 세우고 실천하는 능력을 기를 수 있다. 따라서 학생들은 자신의 학업 경로를 설계한 뒤 진로와 적성에 맞는 맞춤형 학습으로 미래 사회에 필요한 주도적 학습 역량을 키워 나가야 한다.

1) 교과목 체계와 이수 단위의 변화

보통 교과	공통과목		고등학교 수준의 기초 소양을 함양하기 위해 모든 학생이 필수로 이수해야 하는 기본 과목
	선택과목	일반선택	교과별 주요 학습 내용 이해 및 탐구를 위한 과목
		진로선택	교과별 심화 학습 및 진로 관련 과목
		융합선택	교과 내·교과 간 주제 융합적 학습을 위한 과목
전문 교과	전문 공통과목		특정 전공과 관련된 기본적인 지식을 다루는 과목
	전문 일반과목		전공 심화 학습과 응용 능력을 기르는 과목
	전공 실무과목		실무적 역량을 키우기 위한 실습 중심 과목

표 1. 2022 개정 교육과정의 교과 구성

2022 개정 교육과정의 교과 체계는 위 <표 1>과 같이 구성된다.

보통 교과는 모든 학생이 이수해야 하는 공통과목과 선택과목으로 구성된다. 공통과목은 학문적 기초 소양을 함양하기 위한 필수 과목으로 공통국어, 공통수학, 공통영어, 한국사, 통합사회, 통합과학과 같은 기본 교과가 포함된다.

선택과목은 일반선택, 진로선택, 융합선택 과목으로 나뉜다. 일반선택 과목은 교과별 주요 학습 내용을 이해하고 탐구하는 데 초점을 맞춘다. 진로선택 과목은 일반선택 과목의 학습 내용을 바탕으로 학생의 희망 진로와 관련된 심화 학습을 제공하며, 융합선택 과목은 교과 내 또는 교과 간 주제 중심으로 한 융합적 학습을 위한 과목이다.

전문 교과는 특성화 고등학교와 산업 수요 맞춤형 고등학교 학생들을 위한 교과로, 공통과목과 전공과목으로 나뉜다. 전문 공통과목은 특정 전공과 관련된 기본 지식을 다루며, 전공 일반과목은 전공 분야의 심화학습을, 전공 실무과목은 실습 중심의 학습을 통해 실무적 역량을 함양하기 위한 과목이다.

아래 <표 2~4>는 2022 개정 교육과정 고등학교의 보통 교과 공통과목과 일반고 및 특목고의 선택과목 체계를 정리한 것이다.

교과(군)	공통과목
국어	공통국어1, 공통국어2
수학	공통수학1, 공통수학2
	기본수학1, 기본수학2
영어	공통영어1, 공통영어2
	기본영어1, 기본영어2
사회 (역사/도덕 포함)	한국사1, 한국사2, 통합사회1, 통합사회2
과학	통합과학1, 통합과학2 과학탐구실험1, 과학탐구실험2
체육	
예술	
기술·가정/정보/제2외국어/한문/교양	

표 2. 2022 개정 교육과정 고등학교 보통 교과의 공통과목

교과(군)	공통과목	선택과목		
		일반선택	진로선택	융합선택
국어	공통국어1 공통국어2	화법과 언어, 독서와 작문, 문학	주제 탐구 독서, 문학과 영상, 직무 의사소통	독서 토론과 글쓰기, 매체 의사소통, 언어생활 탐구
수학	공통수학1 공통수학2 - - - - - - - - - 기본수학1 기본수학2	대수, 미적분l, 확률과 통계	기하, 미적분ll, 경제 수학, 인공지능 수학, 직무 수학	수학과 문화, 실용 통계, 수학과제 탐구
영어	공통영어1 공통영어2 - - - - - - - - - 기본영어1 기본영어2	영어l, 영어ll, 영어 독해와 작문	영미 문학 읽기, 영어 발표와 토론, 심화 영어, 심화 영어 독해와 작문, 직무 영어	실생활 영어 회화, 미디어 영어, 세계 문화와 영어
사회 (역사/도덕 포함)	한국사1 한국사2 통합사회1 통합사회2	세계시민과 지리, 세계사, 사회와 문화, 현대사회와 윤리	한국지리 탐구, 도시의 미래 탐구, 동아시아 역사 기행, 정치, 법과 사회, 경제, 윤리와 사상, 인문학과 윤리, 국제 관계의 이해	여행지리, 역사로 탐구하는 현대 세계, 사회문제 탐구, 금융과 경제생활, 윤리문제 탐구, 기후변화와 지속가능한 세계
과학	통합과학1 통합과학2 - - - - - - - - - 과학탐구실험1 과학탐구실험2	물리학, 화학, 생명과학, 지구과학	역학과 에너지, 전자기와 양자, 물질과 에너지, 화학 반응의 세계, 세포와 물질대사, 생물의 유전, 지구시스템과학, 행성우주과학	과학의 역사와 문화, 기후변화와 환경생태, 융합과학 탐구
체육		체육1, 체육2	운동과 건강, 스포츠 문화, 스포츠 과학	스포츠 생활1, 스포츠 생활2
예술		음악, 미술, 연극	음악 연주와 창작, 음악 감상과 비평, 미술 창작, 미술 감상과 비평	음악과 미디어, 미술과 매체
기술·가정/ 정보		기술·가정	로봇과 공학세계, 생활과학 탐구	창의 공학 설계, 지식 재산 일반, 생애 설계와 자립, 아동발달과 부모
		정보	인공지능 기초, 데이터 과학	소프트웨어와 생활
제2외국어/ 한문		독일어, 프랑스어, 스페인어, 중국어, 일본어, 러시아어, 아랍어, 베트남어	독일어 회화, 프랑스어 회화, 스페인어 회화, 중국어 회화, 일본어 회화, 러시아어 회화, 아랍어 회화, 베트남어 회화, 심화 독일어, 심화 프랑스어, 심화 스페인어, 심화 중국어, 심화 일본어, 심화 러시아어, 심화 아랍어, 심화 베트남어	독일어권 문화, 프랑스어권 문화, 스페인어권 문화, 중국 문화, 일본 문화, 러시아 문화, 아랍 문화, 베트남 문화
		한문	한문 고전 읽기	언어생활과 한자
교양		진로와 직업, 생태와 환경	인간과 철학, 논리와 사고, 인간과 심리, 교육의 이해, 삶과 종교, 보건	인간과 경제활동, 논술

표 3. 2022 개정 교육과정 보통 교과 선택과목 체계(일반고)

계열	교과(군)	선택과목	
		진로선택	융합선택
과학 계열	수학	전문 수학, 이산 수학, 고급 기하, 고급 대수, 고급 미적분	
	과학	고급 물리학, 고급 화학, 고급 생명과학, 고급 지구과학, 과학과제 연구	물리학 실험, 화학 실험, 생명과학 실험, 지구과학 실험
	정보	정보과학	
체육 계열	체육	스포츠 개론, 육상, 체조, 수상 스포츠, 기초 체육 전공 실기, 심화 체육 전공 실기, 고급 체육 전공 실기, 스포츠 경기 체력, 스포츠 경기 기술, 스포츠 경기 분석	스포츠 교육, 스포츠 생리의학, 스포츠 행정 및 경영
예술 계열	예술	음악 이론, 음악사, 시창·청음, 음악 전공 실기, 합창·합주, 음악 공연 실습	음악과 문화
		미술 이론, 드로잉, 미술사, 미술 전공 실기, 조형 탐구	미술 매체 탐구, 미술과 사회
		무용의 이해, 무용과 몸, 무용 기초 실기, 무용 전공 실기, 안무, 무용 제작 실습, 무용 감상과 비평	무용과 매체
		문예 창작의 이해, 문장론, 문학 감상과 비평, 시 창작, 소설 창작, 극 창작	문학과 매체
		연극과 몸, 연극과 말, 연기, 무대 미술과 기술, 연극 제작 실습, 연극 감상과 비평, 영화의 이해, 촬영·조명, 편집·사운드, 영화 제작 실습, 영화 감상과 비평	연극과 삶 영화와 삶
		사진의 이해, 사진 촬영, 사진 표현 기법, 영상 제작의 이해, 사진 감상과 비평	사진과 삶
외국어 국제 계열	영어	심화영어회화1, 심화영어회화2, 심화영어1, 심화영어2, 심화영어독해1, 심화영어독해2, 심화영어작문1, 심화영어작문2	
	사회 (역사/도덕 포함)	국제정치, 국제경제, 국제법, 지역이해, 한국사회의이해, 비교문화, 세계문제와미래사회, 국제관계와국제기구, 현대세계의변화, 사회탐구방법, 사회과제연구	
	제2외국어	전공기초독일어, 독일어회화1, 독일어회화2, 독일어 독해와 작문1, 독일어독해와작문2, 심화독일어	독일어권 문화
		전공기초프랑스어, 프랑스어회화1, 프랑스어회화2, 프랑스어독해와작문1, 프랑스어독해와작문2, 심화프랑스어	프랑스어권 문화
		전공 기초 스페인어, 스페인어 회화I, 스페인어 회화II, 스페인어 독해와 작문I, 스페인어 독해와 작문II, 심화 스페인어	스페인어권 문화
		전공 기초 중국어, 중국어 회화I, 중국어 회화II, 중국어 독해와 작문I, 중국어 독해와 작문II, 심화 중국어	중국 문화
		전공 기초 일본어, 일본어 회화I, 일본어 회화II, 일본어 독해와 작문I, 일본어 독해와 작문II, 심화 일본어	일본 문화
		전공 기초 러시아어, 러시아어 회화I, 러시아어 회화II, 러시아어 독해와 작문I, 러시아어 독해와 작문II, 심화 러시아어	러시아 문화
		전공 기초 아랍어, 아랍어 회화I, 아랍어 회화II, 아랍어 독해와 작문I, 아랍어 독해와 작문II, 심화 아랍어	아랍 문화
		전공 기초 베트남어, 베트남어 회화I, 베트남어 회화II, 베트남어 독해와 작문I, 베트남어 독해와 작문II, 심화 베트남어	베트남 문화

표 4. 2022 개정 교육과정 보통 교과 선택과목 체계(특목고)

2022 개정 교육과정은 이수 단위에도 변화가 있다. 2015 개정 교육과정에서는 졸업 요건을 충족하기 위해 204학점 단위를 이수하도록 했으나, 2022 개정 교육과정에서는 고등학교 졸업을 위해 3년간 이수해야 하는 최소 학점을 192학점(교과 174학점, 창의적 체험 활동 18학점)으로 설정했다. 1학점은 50분 수업을 기준으로 16회 이수하도록 조정했고 국어, 수학, 영어 교과의 총 이수 학점은 81점으로 제한하여 기초 교과 외의 선택 과목에 더 많은 학점을 투자할 수 있도록 설계됐다. 공통과목의 기본 학점은 4학점이며, 1학점 범위 내에서 감하여 편성할 수 있다. 단, 한국사1과 한국사2의 기본 학점은 3학점으로, 감하여 편성할 수 없도록 규정한다.

또 2022 개정 교육과정에서 기존 창의적 체험 활동 영역인 자율활동, 동아리 활동, 봉사 활동, 진로 활동을 재구조화하여 <표 5>와 같이 자율·자치활동, 동아리 활동, 진로 활동의 세 개의 영역으로 개편하였다.

교과(군)		공통과목		
영역	활동	영역	활동	예시 활동
자율 활동	• 자치·적응 활동 • 창의 주제 활동 등	자율·자치 활동	자율 활동	• 주제 탐구 활동 • 적응 및 개척 활동 • 프로젝트형 봉사 활동
			자치 활동	• 기본 생활 습관 형성 활동 • 관계 형성 및 소통 활동 • 공동체 자치 활동
동아리 활동	• 예술·체육 활동 • 학습 문화 활동 • 실습 노작 활동 • 청소년 단체 등	동아리 활동	학술·문화 및 여가 활동	• 학술 동아리 • 예술 동아리 • 스포츠 동아리 • 놀이 동아리
			봉사활동	• 교내 봉사 활동 • 지역 사회 봉사 활동 • 청소년 단체 활동
봉사 활동	• 이웃 돕기 활동 • 환경 보호 활동 • 캠페인 활동 등	진로 활동	진로 탐색 활동	• 자아 탐색 활동 • 진로 이해 활동 • 직업 이해 활동 • 정보 탐색 활동
진로 활동	• 자기 이해 활동 • 진로 탐색 활동 • 진로 설계 활동 등		진로 설계 및 실천 활동	• 진로 준비 활동 • 진로 계획 활동 • 진로 체험 활동

표 5. 창의적 체험 활동 영역 및 활동 비교

2) 국어, 수학, 영어, 사회, 과학 교과의 주요 선택 과목

2022 개정 교육과정 국어, 수학, 영어, 사회, 과학 교과군 내 주요 선택 과목의 성격을 <표 6~10>으로 파악해 보자.

과목		성격
일반 선택	화법과 언어	언어를 의사소통과 사고의 자원으로 삼아 다양한 맥락에서 효과적이고 비판적인 소통 능력을 함양하고 사회적 상호 작용을 실천하는 과목이다.
	독서와 작문	문자 언어를 기반으로 다양한 글과 자료를 이해하고 생산하며, 문어 의사소통 능력과 비판적 사고력을 함양하는 통합적 학습 과목이다.
	문학	인간과 세계에 대한 이해를 넓히고, 문학 작품의 아름다움과 가치를 수용·생산하며, 창의적 사고와 심미적 감성을 통해 바람직한 삶과 공동체의 미래를 고민하는 태도를 함양하는 과목이다.
진로 선택	주제 탐구 독서	학습자가 스스로 주제를 선정하고 다양한 자료를 비판적·창의적으로 읽으며 자신의 관점과 견해를 형성하고, 심화된 탐구와 독서를 통해 학업과 진로 역량을 기르는 과목이다.
	문학과 영상	문학 작품과 영상물을 주체적으로 수용·생산하며 창의적 사고와 표현 능력, 심미적 감성을 바탕으로 문화적 역량을 함양하고 진로와 학업에 연계하는 과목이다.
	직무 의사소통	다양한 직무 환경에서 정확하고 효과적인 소통 능력과 협력적 문제 해결 태도를 길러 직무 공동체의 성장과 자기 계발을 촉진하는 실질적인 의사소통 역량 강화 과목이다.
융합 선택	독서 토론과 글쓰기	책을 읽고 토론하며 글을 쓰는 과정을 통해 비판적·창의적 사고력과 협력적 의사소통 능력을 함양하고, 주체적이고 성숙한 민주시민으로 성장하도록 돕는 과목이다.
	매체 의사소통	변화하는 디지털 매체 환경에서 의사소통의 방식과 문화를 비판적으로 탐구하고, 매체를 통해 능동적으로 소통하며 바람직한 의사소통 문화를 형성하는 역량을 함양하는 과목이다.
	언어 생활 탐구	언어의 힘과 가치를 탐구하며 개인과 공동체의 언어 생활을 성찰하고 개선하여 비판적·창의적 사고력을 기르고 바람직한 언어 문화를 실천하는 과목이다.

표 6. 국어 교과 선택 과목

과목		성격
일반 선택	대수	규칙성과 관계를 탐구하며 수학적 사고와 문제 해결 능력을 함양하고, 함수와 관련된 기초 지식을 쌓아 자연과학·공학·의학·경제학 등의 분야를 학습하는 데 기초를 갖추기 위한 과목이다.
	미적분I	변화와 무한의 개념을 탐구하며 수학적 사고와 문제 해결 능력을 함양하고, 여러 분야에서 수학을 활용한 문제 해결을 경험하면서 미분과 적분의 유용성을 인식할 수 있는 과목이다.
	확률과 통계	확률과 통계적 개념을 탐구하며 데이터를 기반으로 합리적 의사 결정과 문제 해결 능력을 함양하고, 다양한 분야에 적용 가능한 통계적 소양과 비판적 사고를 기르는 과목이다.
진로 선택	기하	평면과 공간의 기하적 대상을 탐구하며 도형의 성질과 구조를 이해하고, 추론 능력과 수학적 연결성을 바탕으로 다양한 분야에 활용 가능한 수학적 사고와 실천 역량을 기르는 과목이다.
	미적분II	사회 및 자연 현상을 탐구하는 데 필요한 미적분 내용을 폭넓게 이해하고 탐구하며, 다양한 현상을 모델링할 때 나타나는 여러 함수의 미분과 적분을 이해하고 활용할 수 있는 과목이다.
	경제 수학	수학적 개념과 경제 지식을 융합적으로 탐구하며, 경제 현상을 해석하고 최적의 의사 결정을 통해 합리적인 경제 활동을 실천하는 역량을 기르는 과목이다.
	인공지능 수학	인공지능의 데이터 처리와 의사 결정에 활용되는 수학적 원리를 탐구하며, 디지털 소양과 합리적 의사 결정 능력을 갖춘 미래 사회의 일원으로 성장하도록 돕는 과목이다.
	직무 수학	직무 상황에서 수학적 개념과 원리를 활용하여 문제를 해결하고, 합리적 의사 결정과 실천적 역량을 갖춘 미래 직무인을 양성하는 과목이다.
융합 선택	수학과 문화	문화와 수학의 융합 현상을 탐구하며, 다양한 문화 영역에서 수학의 역할과 가치를 이해하고 창의적 융합 사고 역량을 함양하는 과목이다.
	실용 통계	통계적 문제 해결 과정을 통해 실생활의 다양한 문제를 탐구하고, 자료 분석과 합리적 의사 결정을 통해 현대 사회의 변이성을 이해하고 대응하는 역량을 기르는 과목이다.
	수학 과제 탐구	자기주도적 탐구와 협력을 통해 수학적 개념과 실생활 문제를 탐구하며, 창의적이고 윤리적인 탐구 역량과 융합적 사고력을 함양하는 과목이다.

표 7. 수학 교과 선택 과목

과목		성격
일반 선택	영어	공통영어에서 배운 듣기, 말하기, 읽기, 쓰기의 통합적 능력을 심화하고 학업 및 사회생활에 필요한 의사소통 능력과 진로 및 전공 분야와 관련된 영어 이해·표현 능력의 기초를 다지며, 다양한 매체와 협업 과정을 통해 민주 시민이자 세계시민으로서의 자질을 함양하는 과목이다.
	영어II	사회생활과 학업에 필요한 의사소통 능력을 심화하고 진로 및 전공 관련 영어 이해·표현 능력을 연마하며, 다양한 주제의 영어 학습을 통해 민주 시민으로서의 소양과 국제적 안목을 함양하고, 영어 의사소통 활동을 통해 지속가능한 삶과 공동체적 가치를 실천하는 세계시민으로 성장하는 데 중점을 둔 과목이다.
	영어 독해와 작문	읽기와 쓰기를 중점적으로 학습하여 다양한 주제와 학문 영역의 글을 이해·분석하고 비판적 사고와 작문 능력을 계발하며, 사회생활 및 학문에 필요한 문제 해결력을 함양하고, 문화적 다양성과 국제적 안목을 갖춘 세계 시민으로 성장하는 데 중점을 둔 과목이다.
진로 선택	영미 문학 읽기	영어로 쓰인 다양한 장르의 문학 작품을 감상하며 영어 능력과 비판적·창의적 표현력을 기르고, 사회·문화적 가치를 비판적으로 사고하며 심미적 감수성과 협력적 의사소통 능력을 배양하는 과목이다.
	영어 발표와 토론	다양한 상황에서 영어로 발표하고 논리적으로 토론할 수 있는 의사소통 역량과 비판적 사고력을 기르며, 다양한 견해를 이해하고 협력하는 태도를 통해 세계 시민으로서의 자질을 함양하는 과목이다.
	심화 영어	영어 의사소통 능력을 심화하고 기초 학문 분야를 포함한 다양한 주제에 대한 영어 이해와 표현 능력을 기르며, 창의적·비판적 사고력과 언어·문화적 다양성에 대한 이해를 통해 타인과 협력하고 소통하는 역량을 함양하는 과목이다.
	심화 영어 독해와 작문	다양한 주제와 장르의 글을 비판적으로 읽고 창의적으로 표현하며, 영어 문해력과 문화적 포용성을 배양하기 위한 읽기·쓰기 심화 과목이다.
	직무 영어	학습자의 진로와 미래 직업 분야를 탐색하며 다양한 직무 상황에서 필요한 실무 영어 능력과 의사소통 역량을 기르고, 타문화를 이해하고 협력하는 태도를 기르기 위한 과목이다.
융합 선택	실생활 영어 회화	다양한 실생활 상황에서 영어 듣기와 말하기 능력을 향상시키고, 효과적인 의사소통을 통해 타문화에 대한 이해와 포용적인 태도를 함양하는 과목이다
	미디어 영어	다양한 미디어 자료를 이해하고 창의적으로 활용하며, 영어 의사소통 능력과 미디어 리터러시를 향상시켜 창의적·비판적 사고를 기르는 과목이다.
	세계 문화와 영어	세계 영어와 다양한 문화 현상을 탐구하며 영어 의사소통 능력과 문화 간 이해 역량을 향상시켜, 세계 각 문화의 고유성을 존중하고 세계 시민으로서의 자질을 함양하는 과목이다.

표 8. 영어 교과 선택 과목

과목		성격
일반 선택	세계시민과 지리	세계와 지역의 상호작용과 다양성을 이해하며, 지속가능한 미래와 인류 공동선을 위해 행동하는 세계시민으로서의 태도를 함양하는 과목이다.
	세계사	각 지역의 고유한 역사와 상호 연관성을 탐구하며 보편적 가치를 이해하고 현대 세계의 과제 해결을 위한 통찰력과 문화 다양성을 존중하는 태도를 함양하는 과목이다.
	사회와 문화	사회학과 문화 인류학의 관점을 통해 사회현상을 탐구하고, 다양한 관점과 문화를 존중하며 민주시민으로서 합리적 의사 결정과 공존을 지향하는 역량을 함양하는 과목이다.
	현대사회와 윤리	다양한 윤리 문제와 쟁점을 탐구하고 성찰하여, 도덕적 행동과 실천을 통해 현대사회의 윤리적 과제에 능동적으로 대응하는 역량을 함양하는 과목이다.
진로 선택	한국지리 탐구	국토와 지역의 이슈를 지리적 관점에서 탐구하며, 지속가능성과 변화에 대한 해결책을 모색하여 시민으로서의 책임감과 다양한 진로 역량을 함양하는 과목이다.
	도시의 미래 탐구	도시의 변화와 문제를 비판적으로 고찰하며, 지속가능성과 공존을 모색하고 더 나은 도시를 만들기 위한 시민적 참여와 다양한 진로 탐색을 돕는 과목이다.
	동아시아 역사 기행	동아시아의 생태환경과 문화유산, 역사적 교류와 갈등을 탐구하며 평화적 공존과 생태 환경 위기 극복을 모색하는 시민적 역량을 함양하는 과목이다.
	정치	민주주의와 정치 현상을 이해하고, 일상생활과 국제 문제에 능동적으로 참여하여 민주시민으로서의 자질과 세계시민으로서의 역량을 함양하는 과목이다.
	법과 사회	민주주의와 법치주의를 바탕으로 일상과 사회의 법적 문제를 이해하고 해결하며, 민주시민으로서 사회 참여 역량과 법 관련 진로 탐색을 돕는 과목이다.
	경제	경제학의 원리와 현실 문제를 탐구하며, 합리적 사고와 문제 해결 능력을 바탕으로 경제생활에 능동적으로 참여하고 개인과 공동체의 조화로운 삶에 기여하는 민주시민의 자질을 함양하는 과목이다.
	윤리와 사상	한국 및 동·서양의 윤리 사상과 사회 사상을 체계적으로 탐구하여 윤리적 문제 해결과 성찰 능력을 함양하고, 균형적 관점과 통합적 인격을 갖춘 민주 시민으로 성장하도록 돕는 과목이다.
	인문학과 윤리	고전을 탐구하고 성찰하며, 자기 이해와 삶의 의미를 발견하고 도덕적 사고와 실천을 통해 바람직한 인성과 시민성을 함양하는 과목이다.
	국제 관계의 이해	국제 사회의 역사와 이슈를 탐구하며, 합리적 의사 결정과 문제 해결 역량을 통해 책임감 있는 세계시민으로 성장하도록 돕는 과목이다.

표 9. 사회 교과 선택 과목

과목		성격
융합 선택	여행지리	자연과 인문경관을 융합적으로 탐구하며, 여행을 통해 개인과 공동체의 행복, 환경에 대한 공감, 공정하고 평화로운 공존의 태도를 기르는 다학문적 과목이다.
	역사로 탐구하는 현대 세계	현대 세계의 과제를 역사적 관점에서 분석하며, 미래 사회를 능동적으로 만들어가는 주체로 성장하도록 돕는 과목이다.
	사회문제 탐구	현대 사회의 다양한 문제를 탐구하고 해결 방안을 모색하며, 민주 시민으로서의 자질과 실천적 문제 해결 역량을 함양하는 과목이다.
	금융과 경제생활	금융 지식과 의사 결정 능력을 바탕으로 합리적 자산 관리를 실천하며, 건전한 재무적 태도로 안정된 금융 복지를 추구하는 역량을 함양하는 과목이다.
	윤리문제 탐구	동·서양 윤리 이론과 최신 연구를 바탕으로 현대 윤리적 쟁점을 탐구하며, 합리적 해결 방안을 모색하고 윤리적 성찰과 실천 역량을 함양하는 과목이다.
	기후변화와 지속가능한 세계	기후변화와 인간-환경 관계를 통합적으로 탐구하며, 지속가능한 세계를 실현하기 위한 생태시민의 인식과 실천 역량을 함양하는 과목이다.

표 9. 사회 교과 선택 과목

과목		성격
일반 선택	물리학	자연 현상의 기본 법칙과 원리를 탐구하며, 힘과 에너지, 전기와 자기, 빛과 물질에 대한 체계적인 이해를 통해 현대 과학기술과 일상생활 속 현상을 해석하고, 과학적 문제 해결력과 창의성을 함양하는 과목이다.
	화학	물질 세계의 기본 법칙과 화학적 원리를 탐구하며, 자연 현상을 해석하고 개인과 공동체의 문제를 과학적으로 해결할 수 있는 소양과 사고력을 함양하는 과목이다.
	생명과학	생명 현상의 기본 원리와 다양성을 탐구하며, 창의적 문제 해결력과 과학적 소양을 바탕으로 자연과 일상생활의 생명 문제를 이해하고 해결하는 역량을 함양하는 과목이다.
	지구과학	지구와 우주의 현상을 탐구하며, 지구·우주과학의 기본 원리와 과학적 소양을 바탕으로 자연과 사회 문제를 과학적으로 이해하고 해결하는 역량을 함양하는 과목이다.
진로 선택	역학과 에너지	물체의 운동과 중력, 열과 에너지, 열역학 법칙, 탄성파와 소리 등 물리학의 핵심 개념을 탐구하며, 다양한 물리 현상을 과학적으로 이해하고 실생활에 적용할 수 있는 역량을 기르는 과목이다.
	전자기와 양자	전자기적 상호작용, 빛의 성질과 응용, 양자역학의 미시세계 현상을 탐구하며, 현대 전기 전자 기술과 정보통신, 양자기술의 기초 개념을 이해하고 응용할 수 있는 역량을 기르는 과목이다.
	물질과 에너지	물질의 상태, 용액의 성질, 화학 변화의 자발성, 반응 속도를 탐구하며, 물질과 에너지의 관계를 과학적으로 이해하고 일상생활과 환경 문제를 해결할 수 있는 화학적 소양과 탐구 역량을 기르는 과목이다.
	화학 반응의 세계	산 염기 평형, 산화·환원 반응, 탄소 화합물의 반응을 탐구하며, 화학 반응의 원리와 응용을 이해하고 일상생활 및 사회 문제를 과학적으로 해결할 수 있는 화학적 탐구 역량을 기르는 과목이다.
	세포와 물질대사	세포의 특성, 물질대사와 에너지, 세포호흡과 광합성을 탐구하며, 생명 현상의 기본 원리와 생명 활동의 에너지 과정을 이해하고 과학적 문제 해결력을 기르는 과목이다.
	생물의 유전	유전자와 유전물질, 유전자의 발현, 생명공학기술을 탐구하며, 생명 현상의 유전적 원리를 이해하고 이를 바탕으로 과학적 문제 해결력과 생명 윤리를 겸비한 소양을 기르는 과목이다.
	지구시스템 과학	지구 탄생과 변화, 해수의 운동, 강수 과정과 대기의 운동을 탐구하며, 지구 시스템의 구성과 상호 작용을 과학적으로 이해하고 이를 바탕으로 환경과 사회문제에 관한 창의적 문제 해결력을 기르기 위한 과목이다.
	행성 우주과학	우주탐사와 행성계, 태양과 별의 관측, 은하와 우주를 탐구하며, 천체와 우주의 구성과 특성을 과학적으로 이해하기 위한 과목이다.

표 10. 과학 교과 선택 과목

과목		성격
융합 선택	과학의 역사와 문화	과학과 문명의 탄생과 통합, 변화하는 과학과 세계, 과학과 인류의 미래를 중심으로 과학과 사회문화의 상호작용을 탐구하며, 과학기술의 역사적 흐름과 미래 변화 속에서 문제를 해결하고 올바른 가치 판단을 할 수 있는 역량을 기르는 과목이다.
	기후변화와 환경생태	기후와 환경생태의 상호 작용, 기후위기의 원인과 생태계 변화, 그리고 기후위기에 대응하는 국제 사회의 노력과 시민 참여를 사례 중심으로 탐구하며, 기후위기에 능동적으로 대처할 수 있는 과학적 소양을 함양하기 위한 과목이다.
	융합과학 탐구	디지털 탐구 도구와 빅데이터, 인공지능, 시뮬레이션을 활용하여 융합적 사고를 바탕으로 사회문제를 탐구하고 해결하며, 융합과학의 특성과 과정, 미래 전망을 탐색하여 창의적이고 윤리적인 과학적 문제 해결 역량을 기르는 과목이다.

표 10. 과학 교과 선택 과목

과목 선택 체험을 통한
나만의 학습 설계

1) 진로 맞춤형 과목 선택 시뮬레이션

고등학교 교육과정에서의 과목 선택은 단순한 학업 성취를 넘어, 대학 진학 후 학생들이 희망하는 전공 분야의 학업을 효과적으로 수행할 수 있는 기초를 다지는 데 중요한 역할을 한다. 또 학생들은 전공과 연계된 과목을 선택함으로써 대학 입시에서 진로 역량에 해당하는 '전공(계열) 관련 교과 이수 노력'을 증명할 수도 있다. 예를 들어 <표 11>은 전자공학과와 경영학과 진학을 희망하는 학생들의 2, 3학년 과목 선택을 가상으로 구성한 것이다.

교과(군)	1학년			2·3학년		
	과목	이수 학점		과목	이수 학점	기준 학점
국어/수학/ 영어	공통국어1, 공통국어2	8		문학, 독서와 작문, 화법과 언어	48	57학점 이내
	공통수학1, 공통수학2	8		대수, 미적분I, 미적분II, 확률과 통계, 기하, 수학과제탐구		
	공통영어1, 공통영어2	8		영어I, 영어II, 영어 독해와 작문		
사회 (역사/도덕 포함)	한국사1, 한국사2	6		인문학과 윤리, 기후변화와 지속가능한 세계	8	
	통합사회1, 통합사회2	8				
과학	통합과학1, 통합과학2 과학탐구실험1, 과학탐구실험2	10		물리학, 화학, 생명과학, 역학과 에너지, 전자기와 양자, 물질과 에너지, 화학 반응의 세계, 융합과학 탐구	32	
체육	체육1, 체육2	4		운동과 건강(2), 스포츠 생활1(2), 스포츠 생활2(2), 스포츠 과학(2)	8	6학점 이상
예술	음악, 미술	6		음악 연주와 창작(2), 미술 감상과 비평(2)	4	4학점 이상
기술·가정/ 정보/ 제2외국어/ 한문/교양				로봇과 공학세계, 인공지능 기초, 데이터 과학, 창의 공학 설계	16	16학점 이상
소계		58			116	
창의적 체험 활동		18(288시간)				
총 이수 학점		192				

표 11. 전자공학과 진로 모의 과목 선택(체육·예술 외 과목별 이수 단위는 4학점 기준)

전자공학과 진학을 희망하는 학생들은 공학적 사고와 문제 해결 역량을 기르고 자신의 전공 적합성을 더욱 강화할 수 있는 과목들을 선택할 수 있다. 이를테면 수학 교과에서는 대수, 미적분 I·II, 확률과 통계, 기하 등의 과목을 통해 공학 문제를 해결하기 위한 기초 수학 역량을 강화할 수 있다. 과학 교과에서는 물리학, 화학, 전자기와 양자 등 전공과 직접 연계된 과목들을 총 32학점 이수하면서 공학적 이론과 실습을 경험하게 된다. 기술·가정 및 정보 교과에서는 로봇과 공학 세계, 인공지능 기초, 데이터 과학, 창의 공학 설계 등의 과목을 선택함으로써 전자공학에 필요한 기술적 기초와 융합적 사고력을 배양할 수 있다. 체육 및 예술 과목도 최소 이수 학점 기준을 충족하며, 학생들이 건강과 창의성을 동시에 높일 수 있도록 구성하였다.

경영학과 진학을 목표로 하는 학생들의 경우 논리적 사고력과 데이터 분석 역량을 기르고, 경제와 사회적 이슈에 대한 이해를 심화할 수 있는 과목들을 선택할 수 있다. 수학 교과에서는 대수, 미적분 I, 확률과 통계, 경제 수학 등의 과목을 통해 경영 문제를 분석하고 해결하는 데 필요한 기초 수학적 사고력을 배양한다. 사회 교과에서는 세계 시민과 지리, 사회와 문화, 법과 사회, 경제, 금융과 경제 생활 등의 과목을 선택하여 국제적 시각과 경제적 사고를 기를 수 있다. 이러한 과목들은 경영학과에서 다루는 기업 경영, 마케팅, 재무 관리와 같은 전공 영역의 이해를 돕는다. 또 사회문제 탐구와 같은 과목에서는 사회적 이슈를 분석하고 해결책을 제안하는 역량을 키울 수 있다. 기술·가정/정보/제2외국어/교양 교과에서는 정보, 데이터 과학, 중국어 회화, 논술 등의 과목을 선택하여 글로벌 경영 환경에 필요한 기술적 기초와 소통 능력을 함양한다. 체육 및 예술 과목도 최소 이수 학점 기준을 충족하며 학생들이 건강과 창의성을 동시에 기를 수 있도록 설계하였다.

교과(군)	1학년			2·3학년		
	과목	이수 학점		과목	이수 학점	기준 학점
국어/수학/ 영어	공통국어1, 공통국어2	8		문학, 독서와 작문, 화법과 언어, 주제 탐구 독서	52	57학점 이내
	공통수학1, 공통수학2	8		대수, 미적분I, 확률과 통계, 경제 수학, 인공지능 수학		
	공통영어1, 공통영어2	8		영어I, 영어II, 영어 독해와 작문, 영어 발표와 토론		
사회 (역사/도덕 포함)	한국사1, 한국사2	6		세계 시민과 지리, 사회와 문화, 법과 사회, 경제, 국제 관계의 이해, 사회 문제 탐구, 금융과 경제 생활	28	
	통합사회1, 통합사회2	8				
과학	통합과학1, 통합과학2 과학탐구실험1, 과학탐구실험2	10		과학의 역사와 문화, 기후변화와 환경 생태	8	
체육	체육1, 체육2	4		운동과 건강(2), 스포츠 생활1(2), 스포츠 문화(2), 스포츠 과학(2)	8	6학점 이상
예술	음악, 미술	4		미술 창작(2), 음악 감상과 비평(2)	6	4학점 이상
기술·가정/ 정보/ 제2외국어/ 한문/교양	정보	4		데이터 과학, 중국어 회화, 논술	12	12학점 이상
소계		60			114	
창의적 체험 활동			18(288시간)			
총 이수 학점			192			

표 12. 경영학과 진로 모의 과목 선택(체육·예술 외 과목별 이수 단위는 4학점 기준)

2) 진로에 따른 모의 과목 선택

대학교의 전공별 권장 과목에 관한 정보를 참고하면 고교학점제에서 학생들이 자신의 진로에 맞는 과목을 선택하는 데 도움을 받을 수 있다. 서울대학교는 학생들의 희망 전공에 필요한 교과목과 학습 방향을 명확히 제시하고자, 전공 연계 교과 이수에 관한 정보를 제공한다.

모집단위		핵심 권장 과목	권장 과목
사회과학대학	경제학부		미적분, 확률과 통계
자연과학대학	수리과학부	미적분, 확률과 통계, 기하	-
	통계학과	미적분, 확률과 통계, 기하	-
	물리·천문학부 / 물리학전공	물리학II, 미적분, 기하	확률과 통계
	물리·천문학부 / 천문학전공	지구과학I, 미적분, 기하	지구과학II, 물리학II, 확률과 통계
	화학부	화학II, 미적분	확률과 통계, 기하
	생명과학부	생명과학II, 미적분	화학II, 확률과 통계, 기하
	지구환경과학부	물리학II 또는 화학II 또는 지구과학II, 미적분	확률과 통계, 기하
간호대학		-	생명과학I, 생명과학II
공과대학	광역	미적분, 확률과 통계	기하
	건설환경공학부	미적분, 기하	확률과 통계
	기계공학부	물리학II, 미적분, 기하	확률과 통계
	재료공학부	미적분, 기하	물리학II, 화학II, 확률과 통계
	전기·정보공학부	물리학II, 미적분	확률과 통계, 기하
	컴퓨터공학부	미적분, 확률과 통계	-
	화학생물공학부	물리학II, 미적분, 기하	화학II 또는 생명과학II
	건축학과	-	미적분
	산업공학과	미적분	확률과 통계

표 13. 서울대학교 2025학년도 전공 연계 교과이수과목(2015 개정 교육과정 기준)

모집단위		핵심 권장 과목	권장 과목
공과대학	에너지자원공학과	물리학II, 미적분, 기하	확률과 통계
	원자핵공학과	물리학II, 미적분	-
	조선해양공학과	물리학I, 미적분, 기하	확률과 통계
	항공우주공학과	물리학II, 미적분, 기하	지구과학II, 확률과 통계
농업생명과학대학	농경제사회학부	-	미적분, 확률과 통계
	식물생산과학부	생명과학II	화학II, 미적분, 확률과 통계, 기하
	식품·동물생명공학부	화학II, 생명과학II	
	응용생물화학부	화학II, 생명과학II	미적분, 확률과 통계, 기하
	조경·지역시스템공학부	미적분, 기하	물리학II, 확률과 통계
	바이오시스템·소재학부	미적분, 기하	물리학II 또는 화학II
	스마트시스템과학과	미적분	물리학I 또는 화학I 또는 생명과학I
사범대학	수학교육과	미적분, 확률과 통계, 기하	-
	물리교육과	물리학II	미적분, 확률과 통계, 기하
	화학교육과	화학II	미적분, 확률과 통계, 기하
	생물교육과	생명과학II	화학II, 미적분, 확률과 통계
	지구과학교육과	지구과학I	지구과학II, 미적분, 확률과 통계, 기하
생활과학대학	식품영양학과	화학I, 생명과학I	화학II 또는 생명과학II
	의류학과	-	화학I, 생명과학I
수의과대학	수의예과	생명과학II	미적분, 확률과 통계
약학대학	약학계열	화학I, 생명과학I	미적분, 화학II 또는 생명과학II
의과대학	의예과	생명과학I	생명과학II, 미적분, 확률과 통계, 기하
학부대학	광역	-	미적분, 확률과 통계
	자유전공학부		
첨단융합학부		미적분	확률과 통계 또는 물리학I 또는 화학I

표 13. 서울대학교 2025학년도 전공 연계 교과이수과목(2015 개정 교육과정 기준)
※ 인문대학, 사회과학대학(경제학부 제외), 경영대학, 산림과학부, 사범대학(교육학과, 국어·영어· 독어· 불어· 사회· 역사· 지리· 윤리· 체육
교육과), 소비자아동학부, 미술대학, 음악대학, 치의학대학원은 핵심 권장 과목 및 권장 과목이 제시되지 않음.

현재는 대학교들이 2015 교육과정의 권장 과목을 발표한 상태이지만, 향후 2022 개정 교육과정을 기준으로 한 권장 과목들이 발표될 것이다. 2022 개정 교육과정을 기준으로 한 권장 과목이 발표되면 교육과정의 선택과목 체계와 자신의 진로에 필요한 권장 과목들을 고려하여 자신이 선택할 과목의 계획을 미리 수립해 봐야 한다.

자기주도적 교육의 기대 효과와 도전 과제

2022 개정 교육과정은 학습자 중심 교육을 강화하여 학생 개인의 잠재력을 최대한 발휘하고 자기주도적학습 역량을 기르는 것을 주요 목표로 삼는다. 주어진 내용을 암기하고 기존의 정답을 도출하는 방식에서 벗어나, 새로운 시각으로 문제에 접근하며 다양한 방법을 탐색하고 해결책을 모색할 수 있는 탐구적인 태도는 미래 사회에 반드시 필요한 역량이다.

학습자 중심 교육과정의 구체적인 효과 중 하나는 문제 해결 능력과 비판적 사고력의 강화이다. 직접 선택한 과목에서 실생활과 연계된 문제를 탐구하고 해결하는 경험으로 이러한 역량을 기를 수 있다. '데이터 과학'을 수강하는 학생들은 실제 사회에서 발생하는 데이터를 수집하고 분석하여 복잡한 문제를 해결하는 프로젝트를 수행한다. 이 과정에서 학생들은 데이터의 신뢰성 평가, 정보의 선별, 다양한 해석 가능성 등을 고려해야 하므로 비판적 사고력은 필수다. 또 문제의 원인을 분석하고 다양한 관점에서 해결책을 모색하면서 논리적 추론과 증거 기반의 결론 도출 능력을 키울 수 있다. 이를 통해 학생들은 단순히 지식을 적용하는 것을 넘어, 정보를 비판적으로 평가하고 창의적인 해결 방안을 제시하는 능력을 갖추게 된다.

2022 개정 교육과정은 교과 간 연계와 통합을 강조하여 학생들이 다학문적 접근 방식을 익히도록 설계되었다. '기후변화와 지속 가능한 세계'와 같은 과목은 지리, 생태, 사회, 경제 등 다양한 분야의 지식을 통합하여 기후변화 문제를 심층적으로 분석하고 해결책을 모색하게 한다. 이 과정에서 학생들은 각 학문의 관점과 방법론을 결합하여 문제를 다각도로 이해하고, 창의적이고 실질적인 해결 방안을 제시하는 능력을 기르게 된다. 이러한 융합적 사고 능력은 현대 사회의 복잡하고 상호 연관된 문제들을 효과적으로 해결하기 위해 필수적이며, 글로벌 사회에서 다양한 문화와 배경을 가진 사람들과 협력하고 혁신을 이끌어 내는 데 핵심적인 경쟁력으로 작용할 수 있다.

마지막으로, 학습자 중심 교육과정은 학생들에게 학업 외에 가져야 할 사회적 책임감과 시민 의식을 함양할 기회를 제공한다. '사회 문제 탐구' 과목에서는 환경 오염, 인권 침해, 빈곤 문제 등 현실에서 발생하는 다양한 사회 문제를 조사하고 해결 방안을 제안한다. 이를 통해 학생들은 사회 구성원으로서의 책임감을 인식하고, 공동체 발전에 기여하는 주체적인 태도를 길러 더 나은 사회를 만들어

가는 데 적극적으로 참여하는 시민으로 성장할 수 있다.

이러한 교육과정의 변화는 학교와 교사들에게도 역할 변화를 요구한다. 교사는 지식의 전달자를 넘어 학생 개개인의 학습 목표와 진로를 조율하는 멘토이자 코디네이터의 역할을 수행해야 한다. 이를 위해 학생들의 학습 과정과 성향을 면밀히 파악하고, 개인별 맞춤형 피드백과 학습 전략을 제공하는 전문성을 갖추어야 할 필요가 있다.

고교학점제를 통해 학생들이 다양한 과목을 선택할 수 있게 된 만큼 학교에서는 과목 운영 체계와 교사 배치의 유연성을 높여야 한다. 학생들의 과목 선택에 따라 소규모 수업이 늘어날 수 있으며, 학교는 이를 효과적으로 지원하기 위한 교사 확보와 시설 배치 계획을 마련해야 한다. 특히 융합 과목의 운영은 교사들에게 새로운 도전 과제가 될 수 있다. 일례로 융합과학 탐구 과목은 물리, 화학, 생물, 지구과학 등 여러 분야의 지식을 통합하여 가르쳐야 하므로 교사 간 협력과 전문성 개발이 필수다.

교사의 역할 변화에는 디지털 교육 역량의 강화도 포함된다. 2022 개정 교육과정은 디지털 전환에 대응하기 위해 학생들에게 인공지능, 데이터 과학, 디지털 리터러시를 가르칠 것을 강조한다. 이 때문에 교사도 프로그래밍 언어의 이해, 데이터 분석 도구 활용, 온라인 교육 플랫폼 운영 등의 디지털 전문성을 갖추어야 한다. 다만 이 과정에서 일부 교사는 새로운 기술 도입에 부담감을 느낄 수 있기 때문에 체계적인 교사 연수와 지원 프로그램이 마련되어야 할 것이다.

학교는 학생의 진로 상담을 지원하기 위해 세부적인 학습 설계 상담을 제공해야 하며, 이를 위해 전문 상담 인력과 교육 자료의 확충이 요구된다. 또 학생들의 상담을 주로 담당하는 담임 교사들에게 필요한 정보를 지속적으로 제공해 변화하는 교육과정과 입시 정보를 정확히 파악할 수 있도록 지원해야 한다. 특정 학과와 관련된 권장 과목 정보 제공뿐만 아니라, 계열별 전공 적합성을 높일 수 있는 과목 설계 방안을 제안하고 이를 담임 교사와 공유함으로써 학생들과 맞춤형 진로 상담이 이루어질 수 있도록 해야 할 것이다.

학생들도 교육과정과 교과의 특징을 이해하여 자신의 진로 분야와 관련된 과목을 선택하고, 교육과정 취지에 따른 다양한 활동에 적극적으로 참여하며 자기주도적인 탐구 역량을 키우기 위해 노력해야 한다.

미래형 인재를 선발하는
입시의 흐름을 읽어라

2

장

2028 대입 제도의 변화

그동안 한국의 대입 제도는 다양한 방식을 도입하여 공정성과 형평성을 확보하려고 노력했다. 그러나 수능 중심의 선발은 객관적인 평가 기준을 제공하지만 학생들의 다양한 역량과 잠재력을 반영하기 어렵다는 한계가 있고, 재학생보다 졸업생에게 유리하다는 특성 때문에 'N수생'을 양산한다는 비판을 받기도 한다. 특히 최근의 선택형 수능 체제는 정시 모집에서 이과 학생들이 문과 학과에 대거 지원하는 현상을 야기하며, 문과로 진학하고자 하는 학생들에게 좌절감과 불만을 안겨 주기도 했다.

반면 학생부종합전형은 학생들의 다양한 활동과 성취를 평가할 수 있다는 장점이 있지만, 내신 평가 과정에서 과도한 경쟁을 초래하며 학교 교육 환경과 교사 간 차이로 학교생활기록부 기록에 대한 형평성 문제가 제기되었다.

2028 대입 제도 개편안은 입시 발생에서 발생하는 공정성과 형 평성의 문제를 해결하는 데 초점을 맞췄다. 학생들의 다양한 역량과 적성을 평가하고 과도한 경쟁을 완화하며, 문·이과 통합형 교육을 지향하고자 한다. 기본기를 갖추는 것은 여전히 중요하지만 암기 중심의 학습에서 벗어나 문제 해결과 융합적 사고력을 갖춘 학생을 양성하겠다는 취지다. 이를 위한 핵심 역량으로 탐구력의 중요성도 더욱 부각된다.

1) 통합형·융합형 수능의 도입

2028년부터 적용되는 수능의 주된 변화 중 하나는 통합형·융합형 수능 체계를 도입한다는 점이다. 국어, 수학, 사회·과학탐구 영역은 선택과목 없이 모든 학생이 동일 과목을 응시하여 과목 간 유불리 문제를 줄이고, 문·이과 통합형 학습을 유도하고자 했다. 특히 사회와 과학탐구 영역에서는 '통합사회'와 '통합과학' 과목만을 수능 출제 과목으로 선정함으로써 모든 학생이 사회·과학의 기초 소양을 학습하도록 설계하였다.

이를 통해 과목 선택에 따른 유불리 문제를 해결하고, 학생들은 균형 잡힌 학문적 기초를 다질 수 있게 되었다. 영어, 한국사, 제2외국어는 절대평가가 유지되며, 이외에 영역별 평가 방식과 성적 제공 방식, EBS 연계율 50% 등은 현행 유지하는 것으로 확정되었다.

교과(군)		현행(~2027수능)	개편안(2028수능~)
국어		**공통+2과목 중 택1** • 공통: 독서, 문학 • 선택: 화법과작문, 언어와매체	공통 (화법과언어, 독서와작문, 문학)
수학		**공통+3과목 중 택1** • 공통: 수학Ⅰ, 수학Ⅱ • 선택: 확률과통계, 미적분, 기하	공통 (대수, 미적분Ⅰ, 확률과통계)
영어		공통 (영어Ⅰ, 영어Ⅱ)	공통 (영어Ⅰ, 영어Ⅱ)
한국사		공통 (한국사)	공통 (한국사)
탐구	사회·과학	**17과목 중 최대 택2** • 사회: 9과목 한국지리, 세계지리, 세계사, 동아시아사, 경제, 정치와법, 사회·문화, 생활과윤리, 윤리와사상 • 과학: 8과목 물리학Ⅰ, 화학Ⅰ, 생명과학Ⅰ, 지구과학Ⅰ, 물리학Ⅱ, 화학Ⅱ, 생명과학Ⅱ, 지구과학Ⅱ	사회: 공통 (통합사회) 과학: 공통 (통합과학)
	직업	1과목: **5과목 중 택1** 2과목: 공통+[1과목] • 공통: 성공적인직업생활 • 선택: 농업기초기술, 공업일반, 상업경제, 수산·해운산업기초, 인간발달	직업: 공통 (성공적인 직업생활)
제2외국어/ 한문		**9과목 중 택1** • 제2외국어/한문: 9과목 독일어, 프랑스어, 스페인어, 중국어, 일본어, 러시아어, 아랍어, 베트남어, 한문Ⅰ	**9과목 중 택1** • 제2외국어/한문: 9과목 독일어, 프랑스어, 스페인어, 중국어, 일본어, 러시아어, 아랍어, 베트남어, 한문

표 14. 2028학년도 수능 개편 확정안 요약
※ 음영 표기는 절대평가 적용 영역

2) 내신 5등급제 전환과 평가 방식 변화

고교 내신 평가 방식은 기존의 9등급제에서 5등급제로 전환되며, 전 과목의 평가 결과가 절대평가와 상대평가로 병기된다. 이를 통해 절대평가로 인한 성적 인플레이션 우려를 낮추면서도 학생 간 불필요한 경쟁을 완화하고, 성적의 변별력을 확보하여 대입에서 활용할 수 있도록 하였다. 사회·과학 융합선택 과목은 상대평가가 아닌 절대평가로만 기재되어 학생 선택권 확대와 융합형 학습 활성화를 동시에 추구한다는 점에서 주목할 만하다. 이는 학생 개개인의 학습 동기를 높이는 데 목적이 있다. 내신 부담을 줄이면서 다양한 탐구 활동을 진행하게 해 미래 교육 방향에 맞추기 위한 것이다.

5등급제에서는 각 등급 내 포함되는 학생 수가 크게 증가한다. 하지만 1등급은 여전히 상위 10%로 제한되므로 대입에서 유리한 내신을 얻기 위한 상위권 경쟁은 여전히 유지될 가능성이 높다. 특히 등급 간 경계에 해당하는 점수를 받은 학생들 사이에서 낮은 등급을 피하기 위한 경쟁이 치열할 것이다. 중위권 학생들이 과밀하게 분포하는 2등급과 3등급에서 입시 경쟁력을 확보하기 위해 내신 외에도 비교과 활동과 수능 준비에 많은 시간을 쏟아야 한다. 또 2015 교육과정과 비교할 때, 성적이 산출되는 과목의 수가 크게 증가하였다. 따라서 학생들의 학습 부담 완화라는 목표는 달성되기 어려울 가능성이 높다.

한편 5등급제 전환은 자사고나 특목고에 다니는 학생들에게는

등급	교과(군)		공통과목	
	누적 비율	석차 구간 (수강자 250명 가정)	누적 비율	석차 구간 (수강자 250명 가정)
1등급	4%	1등~10등	10%	1등~25등
2등급	11%	11등~28등	34%	26등~85등
3등급	23%	29등~58등	66%	86등~165등
4등급	40%	59등~100등	90%	166등~225등
5등급	60%	101등~150등	100%	226등~250등
6등급	77%	151등~192등		
7등급	89%	193등~223등		
8등급	96%	224등~240등		
9등급	100%	241등~250등		

표 15. 9등급제와 5등급제 비교: 누적 비율과 석차 구간

대학 입시에서 유리하게 작용될 요소로 평가되기도 한다. 9등급제 하에서 자사고나 특목고처럼 학력이 우수한 학생들이 밀집된 학교 는 치열한 내신 경쟁으로 인해 비슷한 석차의 일반고 학생과 비교 할 때 내신 성적 면에서 불리할 수밖에 없었다. 따라서 내신 성적 만으로 선발하는 학생부교과전형은 일반고 학생에게 유리한 전형 으로 여겨졌다. 그러나 5등급제 전환 후에는 1등급 비율이 4%에서 10%로 증감함에 따라, 상위권 대학의 학생부교과전형에도 자사고 나 특목고 학생들의 지원이 점차 늘어날 것으로 예상된다. 이에 더 해 학생부종합전형에서도 일반고와 자사고·특목고 학생 간 내신 격 차가 감소하면서 서류 경쟁력이 선발 과정에서 더욱 중요한 요소

를 차지하게 될 것으로 보인다. 따라서 상대적으로 교육과정을 정교하게 잘 편성하고, 심화 학습 기회를 제공하는 방향으로 교육의 방향을 잡은 자사고·특목고 학생들은 학생부종합전형의 경쟁에서 일반고 학생들보다 유리한 위치를 차지할 가능성이 높다.

다만 자사고나 특목고 진학은 대입 진학의 유불리를 떠나 학생의 학업 역량이 어느 정도인지에 따라 선택하는 것이 좋다. 상위권 학생이 일반고에 비해 많기 때문에 학생의 학업 역량이 부족하다면 절대적인 내신 성적의 불리함으로 인해 대입에서도 유리함이 사라지기 때문이다. 학교 유형이 대입에서 유불리를 발생시킨다고 생각해서는 안 된다. 결국 중요한 것은 학생 개인의 역량이다.

<표 16>은 2028 대입 제도의 과목별 성적 산출 방식과 대학 제공 방식 면에서 변화된 부분을 보여 준다. 공통과목, 일반선택과목, 진로선택과목이 포함된 보통교과에서 절대평가인 5단계 성취도 및 원점수와 상대평가상의 석차등급이 함께 표기되지만, 사회·과학 교과의 융합선택 과목, 체육·예술 및 과학탐구실험 과목, 그리고 교양 과목에서는 석차등급이 산출되지 않고 절대평가로만 성적이 산출된다는 점을 반드시 기억해야 한다.

이처럼 개편된 입시 제도가 공정성과 형평성의 목적을 달성할 수 있을지는 아직 미지수다. 수능 선택과목의 폐지와 통합형 수능 체계의 도입은 과목 간 유불리 문제를 줄일 수 있지만, 한편으로 학생들의 다양한 학습 요구와 진로에 따른 과목 선택의 자유를 제한할 수 있다. 또 내신과 수능에서 상대평가가 유지되면서 사교육

구분	절대평가		상대평가	통계정보		
	원점수	성취도	석차등급	성취도별 분포비율	과목평균	수강자수
보통교과	○	A·B·C·D·E	5등급	○	○	○
사회·과학 융합선택	○	A·B·C·D·E	-	○	○	○
체육·예술/ 과학탐구실험	-	A·B·C	-	-	-	-
교양	-	P	-	-	-	-
전문교과	○	A·B·C·D·E	5등급	○	○	○

표 16. 과목별 성적 산출 및 대학 제공 방식

의존도는 유지될 가능성이 높다. 내신 5등급제로의 전환으로 등급 간 간격이 넓어져 상위권 학생들의 미세한 성취도 차이를 반영하지 못할 가능성도 있다. 이에 따라 추후 제도 개편뿐만 아니라 학생들의 다양한 역량을 반영할 수 있는 평가 방식의 지속적인 연구와 보완이 이루어질 가능성이 높으며, 우리는 이러한 평가 방식의 변화에 주목해야 한다.

3) 대입 전형 방식의 재설계

2028학년도 대입 입학 제도 개편안이 발표된 이후 각 대학들은 새로운 대입 환경에 맞춰 전형 방식을 재설계하기 위해 고민하는 중이다. 대입 제도 개편에 따른 대학의 전형 설계 방향은 크게 세

가지로 요약된다. 평가 방식에 대한 대학의 자율권 강화, 교과 전형에서의 변별력 확보를 위한 타 전형 요소 도입, 정시에서 내신 및 정성 평가 도입이다.

먼저 평가 방식에 대한 대학의 자율권 강화는 정부의 개편안을 바탕으로 하되, 상위권 학생들의 변별력을 확보하기 위해 추가적인 전형 요소 도입을 고려할 가능성이 높다는 것이다. 대학들은 자신이 처한 환경 속에서 가장 우수한 학생을 선발하기 위해 기존에 활용하던 서류 정성 평가, 면접 평가, 수능 최저학력 기준, 논술 평가의 범위 내에서 더욱 세부적인 평가 기준과 방법을 마련하기 위해 다양한 전형 요소을 고안하게 될 것이다.

둘째로 교과 전형에서 변별력을 높이기 위해 면접이나 서류 평가 요소를 추가하는 방안이 고려될 것이다. 특히 내신 등급이 5등급제로 단순화되면서 성적만으로 학생 변별이 어려워졌다. 따라서 대학들은 학생부교과전형에서 기존에 활용하던 수능 최저학력 기준 외에 면접이나 서류 평가로 학생들의 역량을 평가할 가능성이 높다.

셋째로 정시에서도 내신 정량 평가나 정성 평가를 병행하여 학생들의 학업 이력을 종합적으로 평가하는 방안이 검토되고 있다. 서울대학교와 고려대학교는 <표 17, 18>과 같이 정시 전형에서 수능 성적 이외에 교과 평가를 반영하며 연세대학교, 한양대학교도 정시 교과 평가를 반영하는 것이 확정되었다. 다른 대학들도 정시에서의 내신평가 방안을 검토하고 있다. 이는 고교학점제의 취지와도 부합하는 방향으로, 학생들의 과목 선택과 학업 성취를 정시에서도 중요하게 반영하여 학생들의 자기주도학습과 진로 설계 노력

평가 항목	평가 내용	교과학습발달상황 영역
과목 이수 내용	- 교과(목)별 위계에 따른 선택 과목 이수 내용 - 진로·적성에 따른 선택 과목 이수 내용	교과(목) 이수 현황
교과 성취도	- 기초 교과 영역 및 모집 단위 관련 교과 성취도의 우수성(과목 수준, 수강자 수, 원점수, 평균, 성취도별 분포비율 등을 고려)	교과(목) 학업 성적
교과 학업 수행 내용	- 교과(목)별 수업 활동에서 나타나는 학업 수행의 충실도	세부능력 및 특기사항

- 평가등급: A(5점) > B(3점) > C(0점)
- 2명의 평가자가 독립적으로 평가하여 등급을 부여하고 아래 조합에 따라 점수를 부여
- 교과평가 점수 = 2인 평가 등급 조합 + 15점

등급 조합	A·A	A·B	B·B	B·C	C·C
배점	5	4	3	1.5	0

표 17. 2025 대입 서울대학교 정시 수능위주전형(일반전형) 교과 평가 방법

반영 교과	반영 과목	학년별 반영 비율
전 교과	'원점수, 평균, 표준편차, 석차등급'이 기재된 모든 과목과 '원점수, 평균, 성취도, 성취도별 분포비율이 기재된 모든 과목	교과(목) 이수 현황

- 활용지표: 석차등급, 성취도, 성취도별 분포비율
- 교과성적 산출방법: 석차등급과 성취도에 따른 변환 석차등급을 바탕으로 교과평균등급 산출 후 학생부(교과)점수로 변환함.

표 18. 2025 대입 고려대학교 정시 교과우수전형 학교생활기록부(교과) 점수 산출 방법

을 반영하려는 의도이기도 하다.

입시는 수능의 영향력이 감소되면서 전형별 내신 성적과 교과활동 평가가 강화되는 방향으로 전환되고 있다. 정시 전형에서는 수능 성적 외에 내신 평가를 반영하는 대학이 증가하는 중이며 종합 전형에서는 면접 평가의 비중이 늘어나는 추세다. 면접으로 전공

적합성이나 사고력, 탐구력 등의 종합적인 역량을 평가하겠다는 것이다. 따라서 수능 성적만으로 평가하기 어려운 학생들의 역량을 폭넓게 평가하는 입시의 흐름을 고려하여 대입 준비를 해야 한다. 이는 단순히 입시를 넘어 변화 속도가 빠른 미래 사회에 적응하면서 문제 해결 능력을 갖춘 미래 인재를 양성하기 위한 필연적인 변화이다.

학생과 학부모를 위한
슬기로운 학교생활 Tip

1) 균형 있는 내신, 수능, 비교과 활동

2028 대입 제도는 내신, 수능, 비교과 활동이 모두 중요한 평가 요소로 작용한다. 학생들은 학교생활에 충실히 임하면서 상대평가에 의한 석차등급이 병기되는 과목에서 좋은 성적을 유지해야 한다. 특히 고교학점제 도입으로 인해 자신이 선택한 과목에서의 성적이 더욱 중요해졌으므로, 과목 선택 시에는 신중한 계획과 철저한 준비가 필요하다.

교육부는 2028 대학 입시 제도 개편 확정안에서 암기 위주의 5지선다형을 지양하고 사고력과 문제 해결력을 평가하는 논·서술형 평가를 확대하겠다고 발표했다. 논·서술형 평가는 단순 암기가 아닌 깊이 있는 이해와 비판적 사고를 요구하며, 논리적인 글쓰기

능력과 표현력이 중요한 평가 요소를 포함한다. 따라서 정량적인 학업 성취뿐 아니라 창의적 문제 해결 능력이나 논리적 사고 훈련, 글쓰기 연습에 시간을 투자해야 한다. 이를 위해 다양한 분야의 책을 읽고 자신의 생각을 글로 표현하며 깊이 있는 사고를 자주 경험하는 것이 필요하다.

수능 대비도 여전히 대입 준비의 핵심이다. 수능 준비는 장기적인 계획이 필요하므로 학년별 목표와 전략을 세워 체계적으로 대비해야 한다. 또 모의고사 등을 통해 자신의 실력을 지속적으로 점검하고 약점을 보완하는 것이 중요하다.

비교과 활동은 학생부종합전형에서 학생의 학업 역량과 진로 역량, 공동체 역량을 평가하기 위한 중요한 요소다. 학생들은 자율·자치 활동, 동아리 활동, 진로 활동으로 자신의 관심 분야와 역량을 탐구하고 키울 수 있다. 이러한 활동은 단순히 참여 횟수나 시간보다 활동의 질과 성과, 그리고 자기 성찰과 후속 활동이 더 중요하므로 적극적이고 진정성 있게 임해야 할 것이다. 특히 자신의 진로와 연계된 활동 주제를 선정하고, 그 과정에서 얻은 경험과 배움을 학교생활기록부에 충실히 기록하는 것이 좋다.

내신, 수능, 비교과 활동의 균형을 맞추려면 효율적인 시간 관리와 우선순위 설정이 필수다. 과도한 학업 부담을 피하기 위해 자신의 능력과 상황에 맞는 현실적인 계획을 세워야 하며, 특정 시기에 무엇을 우선순위로 삼아야 할지도 파악할 수 있어야 한다. 학부모는 자녀가 무리한 학습에 지치지 않도록 정서적 지지와 적절한 조언을 제공하는 역할을 해야 한다.

무엇보다 학생들은 자기주도적학습 태도와 학습 전략을 갖추는 것이 필요하다. 자신의 학습 목표를 설정하고, 그에 따라 학습 계획을 수립하여 꾸준히 실천하면서 학습 속도와 효율을 파악하는 메타인지 전략을 갖춰야 한다. 이를 위해 제안하는 방식이 '다층적 학습 목표 전략'이다. 우선 학생이 실천 가능한 목표 수준을 세 가지로 나누어 설정한다. 무조건 달성할 수 있는 쉬운 목표(Easy Level)와 달성하기 어려운 목표(Hard Level)를 먼저 설정한 후, 두 목표 사이에 중간 목표(Medium Level)를 설정하는 방식이다.

이 전략은 특히 중위권이나 중하위권 학생들의 학습 전략 형성에 도움이 될 수 있다. 이 성적대의 학생들은 학교 내신 성적에서 성취감을 얻어 본 적이 없을 때가 많다. 따라서 학습 과정에서 성취감을 얻는 것이 중요하지만, 많은 학생이 무리한 학습 계획을 세워 학습 과정에서도 성취감을 얻지 못하는 경우가 생긴다. 그러나 다층적 학습 목표 전략은 실천 가능한 목표를 세 개의 난이도로 나누고, 최소한 하나의 목표를 반드시 달성하도록 한다. 이를 통해 학습 과정에서 성취감을 얻을 수 있을 뿐만 아니라, 다음 단계의 목표를 향한 도전 의식도 동시에 느낄 수 있는 효과를 얻을 수 있다.

중요한 점은 설정한 기간에 어떤 목표를 성취했는지 점검한 후, 달성한 목표는 유지한 채 다음 도전에서 더 많은 목표를 이룰 수 있도록 다른 난이도의 목표 수준을 조정해야 한다는 것이다. 이러한 과정을 통해 학생들은 목표 수립·실천·성취 수준을 점검하는 과정을 거치며 자신의 메타인지 전략을 조직할 수 있고, 메타인지의 성숙을 통해 자기주도학습 역량을 극대화하게 된다.

2) 학년별 대학 준비 로드맵

(1) 1학년: 학습 습관 형성, 과목별 성취 전략 훈련, 다양한 진로 경험

고등학교 1학년은 학습 습관을 형성하고 과목별 목표 성적을 달성하기 위해 어느 정도의 노력과 시간을 들여야 하는지 파악하는 중요한 시기이다. 특히 부족한 과목은 무엇인지, 자신의 학습 방법에서 잘못된 점은 무엇인지 빠르게 파악해 보완하면 2, 3학년으로 올라갈수록 더욱 안정적인 내신 성취가 가능하다. 또 다양한 과목을 경험하면서 자신의 흥미와 적성을 발견하고, 여러 교내 활동에 참가하며 진로의 방향성을 설정할 수 있다면 더욱 바람직하다.

(2) 2학년: 심도 있는 선택과목 학습, 탐구 활동 수준의 향상

2학년은 고교학점제에 따라 스스로 선택한 진로 관련 과목을 학습하는 시기이다. 학생들은 전공과 연계된 과목을 심도 있게 공부하며 학업 역량을 강화해야 한다. 과목별 수행평가나 과제를 할 때 쉽게 점수를 받으려 하기보다 깊이 있는 지식을 탐구하려는 태도를 기르는 것이 중요하다. 또 자율·자치 활동, 동아리 활동, 진로 활동 등 비교과 활동에도 적극적으로 참여하여 학교생활기록부를 충실히 채워 나가야 한다.

(3) 3학년: 최종 학교생활기록부 관리, 수능 대비, 대학별 전형 준비

3학년은 수능 대비에 집중하면서, 수시 모집 대비를 위해 최종적으로 준비하는 시기이다. 수시 모집에서는 3학년 1학기까지 내신 성적이 반영되므로, 1학기 동안은 선택과목 중 상대평가로 성적이 산출되는 과목 공부에 충실하고, 3학년 1학기 교과 세특에 기록될 수행평가의 수준에도 신경을 써야 한다. 1학기 학기 말 성적이 나온 이후부터 수능 과목 학습에 전념하고, 모의고사로 실전 감각을 키워야 한다. 또 면접 평가가 있는 단계별 전형에 지원했다면 수능 공부를 하는 틈틈이 학교생활기록부에 기록된 교과·비교과 활동을 정리하면서 면접 준비에도 일정 시간을 할애해야 한다.

학생부종합전형에서는
어떻게 우수한 학생을 판단할까

대학이 양성하고자 하는 인재형의 변화에 따라 입시 전형은 조금씩 달라졌다. 기존의 수능 중심 입시의 한계점을 보완하면서 학생들의 다양한 성장 과정과 역량, 발전 가능성 등을 종합적으로 평가하기 위해 등장한 것이 바로 학생부종합전형이다. 학생들이 주목해야 하는 점은 학생부종합전형이 졸업생보다 재학생에게 압도적으로 유리한 제도라는 것이다.

서울 소재 대학교 정시 전형의 경우 대부분 대학의 재수생 합격 비율이 약 70%이다. 상대적으로 더 많은 시간을 투자해 준비하기 때문에 정시는 재수생에게 유리할 수밖에 없다. 반면 현역 재학생의 경우 학교생활기록부 기재량 감소, 미반영 요소 증가로 학생부종합전형 준비의 부담이 줄었다. 또 학생부종합전형은 대부분 재학생 합격 비율이 압도적으로 높기 때문에 이를 적극적으로 준비할 필요가 있다.

학생부종합전형에서는 서류, 면접 등의 정성평가로 지원자의 학업 능력뿐 아니라 전공 적합성, 발전 가능성 등을 종합적으로 평가한다. 또 학생부종합전형은 교내 활동의 깊이를 바탕으로 자신의 내신보다 상향으로 지원하는 경우가 많은 전형이다. 따라서 자신의 내신 성적보다 상위 대학을 지원하고자 한다면 학교생활기록부의 힘을 믿고 학생부종합전형을 공략하는 것이 논술이나 교과 위주의 상향 지원보다 전략적인 선택이 될 수 있다.

학생부종합전형은 준비해야 할 사항이 굉장히 많은 전형이었다. 교외 활동부터 독서, 박람회, 대학 강의 수강, 실험까지 학생부종합전형을 준비하느라 공부할 시간이 없다는 말이 나올 정도였다. 하지만 수상, 자율 동아리, 교외 봉사 활동, 독서 활동 상황 등이 모두 대입에 미반영되기 때문에 창체와 세특, 종합의견이 평가의 핵심이 되어 전형 준비에 부담이 크게 줄었다.

그렇다면 입학사정관은 학생부종합전형에서 어떤 기준으로 학생을 평가할까? 물론 대학마다 조금씩 차이가 있지만, 대학이 우수한 학생을 판단하는 기준은 어느 정도 정해져 있다고 할 수 있다. 대부분 대학의 평가는 5개 대학교가 공동 연구로 진행한 '학생부종합전형 공통 평가 요소 및 항목 개선 연구'의 결과로 나온 세 가지 평가 요소에서 크게 벗어나지 않는다. 바로 학업 역량, 진로 역량, 공동체 역량이다.

학업 성취도나 전공 관련 교과 성취도가 기본적으로 가장 중요하지만, 지원자 간의 변별력을 기준으로 생각할 때 변별이 크게 되

학업 역량	대학 교육을 충실히 이수하는 데 필요한 수학 능력	학업 성취도 | 학업 태도 | 탐구력
진로 역량	자신의 진로와 전공(계열)에 관한 탐색 노력과 준비 정도	전공(계열) 관련 교과 이수 노력 전공(계열) 관련 교과 성취도 진로 탐색 활동과 경험
공동체 역량	공동체의 일원으로서 갖춰야 할 바람직한 사고와 행동 역량	협업과 소통 능력 | 나눔과 배려 성실성과 규칙 준수 | 리더십

지 않는다. 대학에서 입시 결과를 모두 발표하기 때문에 비슷한 성적의 학생들이 같은 대학과 학과에 지원하는 경우가 많다. 또 내신이 2.5인 학생과 2.6인 학생 중 반드시 2.5인 학생이 뛰어나다고 판단하기도 어렵다.

그래서 단순히 점수로 보이는 성적이 아니라 지적 호기심과 문제 해결력, 지식의 확장을 위한 노력, 학문에 대한 열의 등이 변별력이 큰 평가 요소가 된다는 것을 이해해야 한다. 특히 학교생활을 적극적으로 하는 자기주도성을 갖춘 동시에 실제 희망하는 전공과 관련한 깊이와 사고력을 판단할 수 있는 요소는 결국 탐구력으로 수렴된다고 할 수 있다. 그렇다면 구체적인 평가 요소인 학업 역량, 진로 역량, 공동체 역량을 더 자세히 살펴보자.

1) 학업 역량

(1) 학업 성취도

정의	고교 교육과정에서 이수한 교과의 성취 수준이나 학업 발전의 정도
세부 평가 내용	• 대학수학에 필요한 기본 교과목(예: 국어, 수학, 영어, 사회/과학 등)의 교과성적은 적절한가? • 그 외 교과목의 교과성적은 어느 정도인가? 유난히 소홀한 과목이 있는가? • 학기별 / 학년별 성적의 추이는 어떠한가?

학업 성취도는 교과 성취 수준이나 학업 발전 정도를 확인하는 요소다. 학생부종합전형의 경우 대다수 대학에서 전과목 평균을 입시 결과로 공개하기 때문에 학생들이 지원을 고려할 때 보통 전과목 내신 평균 점수를 기준으로 삼게 된다.

그렇다면 평가자들도 학업 성취도 항목에서 전과목 내신을 가장 큰 평가 요소로 생각할까? 그렇지 않다. 평가자들은 이수한 교과목의 성취도와 성적의 변화 추이를 살펴보고 발전 가능성을 가늠한다. 교과성적은 주로 학업 역량을 살펴볼 수 있는 자료로 사용되지만, 이때 단순히 전과목 내신 점수로만 판단하는 것이 아니라 전체 교과성적, 주요 교과성적, 진로와 관련된 교과 성적 등을 다양하게 살펴보게 된다. 교과 성적이 다른 지원자들에 비해 어느 수준인지 비교하고, 해당 전공과 관련된 기본 과목을 이수한 정도를 확인하며 과목별 이수자 수와 원점수, 평균 등을 고루 확인해 학업 성취도 수준을 종합적으로 판단한다.

전공 관련 교과의 이수 노력도 중요한 평가 요소가 된다. 사실

자사고나 특목고 학생들이 학생부종합전형에 유리했던 주된 이유는 표준 편차보다 이수하는 과목 자체가 다르기 때문이다. 대학은 학생이 전공과 관련해서 어떤 교과를 이수했는지 매우 중요하게 생각하며 평가한다.

더불어 과목 간 성적의 편차도 학생의 성실성을 판단하는 근거가 되기 때문에 소위 버리는 과목 없이 선택한 전 과목에 충실히 임하는 것이 중요하다.

(2) 학업 태도

정의	학업을 수행하고 학습해 나가려는 의지와 노력
세부 평가 내용	• 성취 동기와 목표 의식을 가지고 자발적으로 학습하려는 의자가 있는가? • 새로운 지식을 획득하기 위해 자기주도적으로 노력하고 있는가? • 교과 수업에 적극적으로 참여해 수업 내용을 이해하려는 태도와 열정이 있는가?

학업 태도는 학생이 자기주도성을 살펴볼 수 있는 항목으로 대학에서 가장 선호하는 평가 요소 중 하나다. 학업 태도를 통해 대학 교육을 충실히 이수할 수 있는 능력을 가진 학생인지 판단할 수 있기 때문이다. 입학사정관들은 특히 학업 태도를 평가할 때 자기주도적으로 진로에 관심을 가지고 탐구를 진행하려는 의지, 과목 선택의 적극성 등을 파악한다.

학교생활기록부에 기재되는 학업 태도에 대한 서술은 다소 진부해 보여도 충분히 좋은 문구가 된다. 평소에 웃으며 인사를 잘하고, 수업 시간에 자는 모습을 보인 적이 없고, 눈빛이 빛나고 성실하며, 수업 후 스스로 복습하고 선생님께 찾아와 질문하는 학생을 부정적으로 생각하는 선생님은 없을 것이다.

어느 한 선생님이 학생의 학업 태도를 칭찬했다고 해서 학생에 대한 긍정 평가도가 올라가는 것은 아니지만, 그런 소소한 문구들이 쌓이면 결과적으로 평가는 달라진다. 3년 동안 여러 교과의 선생님들이 언급하게 되면 수업 때 학생의 태도가 분명히 장점으로 인식되며 호감도나 긍정 평가도가 올라갈 수밖에 없다. 그래서 태도가 좋은 아이들의 학교생활기록부는 읽을 때 문체의 온도가 다르다고 평가하기도 한다. 태도가 좋아 학교가 사랑하는 학생은 결국 학생부종합전형에서 합격할 가능성이 매우 높다.

때로 안타까운 경우는 학생이 평소 충분히 좋은 태도를 보였음에도 불구하고, 학업 태도의 중요성을 간과하여 자기평가서 등에서 활동과 관련한 서술에 몰두한 나머지 학교생활기록부에 태도 관련 서술이 빠지는 일이 많다는 것이다. 학업 태도는 학생 개인의 특성과 장점을 가장 잘 보여 주는 서술이다. 학생들은 대학에서 학업 태도를 매우 중요하게 평가한다는 점을 고려하여 적극적으로 교내 활동에 임해야 한다.

학업 태도는 교과 학습에서만 보여 줄 수 있는 부분이 아니라 학교생활 전반에서 보여 줄 수 있는 요소이기도 하다. 탐구 활동이나 독서 활동 등으로 교과에서 배운 내용을 심화·확장해 본 경험도 적극적인 학업 태도의 일부다. 따라서 학업 태도는 창의적 체험 활동, 세부능력 및 특기사항, 행동특성 및 종합의견 등 학교생활기록부의 다양한 항목에서 보여야 한다.

(3) 탐구력

정의	지적 호기심을 바탕으로 사물과 현상을 탐구하고 문제를 해결하려는 노력
세부 평가 내용	• 교과와 각종 탐구 활동 등을 통해 지식을 확장하려고 노력하고 있는가? • 교과와 각종 탐구 활동에서 구체적인 성과를 보이고 있는가? • 교내 활동에서 학문에 대한 열의와 지적 관심이 드러나고 있는가?

탐구력은 탐구의 과정에서 창의적으로 문제를 해결할 수 있는 능력이 있는지 평가하는 항목이다. 입학사정관들은 교과에서 이루어지는 탐구 활동에 적극 참여해 창의적이고 의미 있는 결과물을 산출하였는지 확인하며, 탐구 활동에서 표출되는 학문에 대한 열의와 지적 관심을 평가한다. 따라서 교과에서 배운 내용을 창의적 체험 활동 등 다방면의 교내 활동으로 심화하거나 확장한 경험이 있다면 우수한 학생으로서 좋은 평가를 받을 수 있다.

특히 탐구력은 차원이 높은 학업 역량을 보여 줄 수 있는 평가 항목이기도 하다. 탐구력의 정의와 세부 평가 내용을 살펴볼 때, 학생들은 '지적 호기심', '문제 해결력', '지식의 확장', '학문에 대한 열의' 등을 보여 줘야 한다. 이때 탐구의 결과뿐만 아니라 탐구력을 신장하기 위해 노력한 과정도 평가의 대상이 된다. 따라서 탐구 내용뿐만 아니라 노력의 과정까지 학교생활기록부에 충분히 드러날 수 있도록 노력해야 좋은 평가를 받을 수 있을 것이다.

2) 진로 역량

(1) 전공(계열) 관련 교과 이수 노력

정의	고교 교육과정에서 전공(계열)에 필요한 과목을 선택하여 이수한 정도
세부 평가 내용	• 전공(계열)과 관련된 과목을 적절하게 선택하고 이수한 과목은 얼마나 되는가? • 전공(계열)과 관련된 과목을 이수하기 위해 추가적인 노력을 하였는가? • 선택과목(일반/진로)은 교과목 학습단계(위계)에 따라 이수했는가?

전공(계열) 관련 교과 이수 노력은 지원하려는 전공(계열)을 공부하는 데 필요한 과목을 어느 정도 이수하였는지 확인하기 위한 항목이다. 2015 개정 교육과정부터 학생들이 관심 있는 과목을 스스로 선택해 수강하게 되면서 대학은 전공을 향한 관심과 학문적 소양을 확인해 평가에 반영하고 있다.

특히 자연계열은 전공 관련 교과를 이수하는 것이 매우 중요하다. 예를 들어, 기계공학과의 경우 물리적 이해를 기반으로 한 사고력을 핵심적인 역량으로 평가한다. 따라서 소속 고등학교에 물리 I, II 과목이 개설된 상태인데도 물리 과목을 수강하지 않은 학생은 기계공학과에 적합하지 않다고 여겨질 가능성이 높다. 즉 자신이 희망하는 학과에서 원하는 과목이 무엇인지 파악해 관련 교과를 이수하도록 해야 한다.

전공 연계 교과 이수 과목을 안내한 자료 중 서울대학교의 '전공 연계 교과 이수 과목 안내'는 <표 19>와 같다.

모집단위		핵심 권장 과목	권장 과목
사회 과학 대학	정치외교학부	-	
	경제학부	-	• 미적분, 확률과 통계
	사회학과		
	인류학과		
	심리학과	-	-
	지리학과		
	사회복지학과		
	언론정보학과		

표19. 서울대학교 '전공 연계 교과 이수 과목'
핵심 권장 과목: 학과(부)에서 공부하기 위해 필수적으로 이수를 권장하는 과목
권장 과목: 학과(부)에서 공부하기 위해 이수를 권장하는 과목

　　사회과학대학의 모집 단위 중 경제학부는 유일하게 미적분, 확률
과 통계를 권장 과목으로 설정한다. 이는 경제학부가 수학적 지식
을 중요하게 여기며 수학적 역량이 우수한 학생을 희망한다고 이
해할 수 있다. 따라서 인문계열에 속한 학생이라도 경제학부에 지
원을 희망하고자 한다면 미적분, 확률과 통계 과목을 이수하는 것
이 좋다.

모집단위		핵심 권장 과목	권장 과목
자연과학대학	수리과학부	• 미적분, 확률과 통계, 기하	-
	통계학과	• 미적분, 확률과 통계, 기하	-
	물리천문학부 물리학전공	• 물리학II, 미적분, 기하	• 물리학II, 미적분, 기하
	물리천문학부 천문학전공	• 지구과학I, 미적분, 기하	• 지구과학I, 미적분, 기하
	화학부	• 화학II, 미적분	• 화학II, 미적분
	생명과학부	• 생명과학II, 미적분	• 생명과학II, 미적분
	지구환경과학부	• 물리학II 또는 화학II 또는 지구과학II, 미적분	• 물리학II 또는 화학II 또는 지구과학II, 미적분
공과대학	광역	• 미적분, 확률과 통계	• 기하
	건설환경공학부	• 미적분, 기하	• 확률과 통계
	기계공학부	• 물리학II, 미적분, 기하	• 확률과 통계
	재료공학부	• 미적분, 기하	• 물리학II, 화학II, 확률과 통계
	전기·정보공학부	• 물리학II, 미적분	• 확률과 통계, 기하
	컴퓨터공학부	• 미적분, 확률과 통계	-
	화학생물공학부	• 물리학II, 미적분, 기하	• 화학II 또는 생명과학II
	건축학과	-	• 미적분
	산업공학과	• 미적분	• 확률과 통계
	에너지자원공학과	• 물리학II, 미적분, 기하	• 확률과 통계
	원자핵공학과	• 물리학II, 미적분	-
	조선해양공학과	• 물리학I, 미적분, 기하	• 확률과 통계
	항공우주공학과	• 물리학II, 미적분, 기하	• 지구과학II, 확률과 통계
농업생명과학대학	농경제사회학부	-	• 미적분, 확률과 통계
	식물생산과학부	• 생명과학II	• 화학II, 미적분, 확률과 통계, 기하
	산림과학부		
	식품·동물생명공학부	• 화학II, 생명과학II	-
	응용생물화학부	• 화학II, 생명과학II	• 미적분, 확률과 통계, 기하
	조경·지역시스템공학부	• 미적분, 기하	• 물리학II, 확률과 통계
	바이오시스템·소재학부	• 미적분, 기하	• 물리학II 또는 화학II

표19. 서울대학교 '전공 연계 교과 이수 과목'

또 자연과학대학, 공과대학, 농업생명과학대학의 경우 대부분의 학과에서 핵심 권장 과목과 권장 과목을 제시한다. 자연계열 학생에게는 전공(계열) 관련 교과 이수 노력이 매우 중요한 평가 요소라는 사실을 다시금 알 수 있다.

모집단위		핵심 권장 과목	권장 과목
수의과 대학	수의예과	• 생명과학II	• 미적분, 확률과 통계
약학 대학	약학계열	• 화학I, 생명과학I	• 미적분, 화학II 또는 생명과학II
의과 대학	의예과	• 생명과학I	• 생명과학II, 미적분, 확률과 통계, 기하

표19. 서울대학교 '전공 연계 교과 이수 과목'

메디컬 계열은 권장하는 모든 과목을 이수하는 것이 중요하다. 따라서 수학 전과목과 생명과학 I , II를 필수로 이수하며 높은 학업 역량을 입증하는 것이 필요하다.

모집단위	핵심 권장 과목	권장 과목
자유전공학부	-	• 미적분, 확률과 통계
첨단융합학부	• 미적분	• 확률과 통계 또는 물리학I 또는 화학I

표19. 서울대학교 '전공 연계 교과 이수 과목'

서울대 자유전공학부는 인문·사회·자연·공학 등 다양한 학문 영역을 넘나드는 교육과정을 구축하여 학생들이 자신의 전공과 진로를 선택하는 학과이다. 서울대는 미적분과 확률과 통계를 권장 과목으로 제시하며 자유전공학부에서는 수학적 역량이 우수한 학생을 선호한다는 것을 분명히 했다.

다음 <표 20>은 경희대, 고려대, 연세대, 중앙대학교에서 공동으로 연구한 '교과 이수 과목의 대입전형 반영 방안 연구(자연계열 모집단위 중심)' 결과이다.

학문 분야	모집단위	핵심과목		핵심과목	
		수학교과	과학교과	수학교과	과학교과
수학	<경희대> 수학과, 응용수학과 <고려대> 수학과, 수학교육과 <성균관대> 수학과, 수학교육과, 통계학과 <연세대> 수학과, 응용통계학과 <중앙대> 수학과	수학I, 수학II, 미적분, 기하	-	확률과 통계	-
컴퓨터	<경희대> 소프트웨어융합학과, 컴퓨터공학부 인공지능학과, 컴퓨터공학부 컴퓨터공학과 <고려대> 데이터과학과, 사이버국방학과, 스마트보안학부, 컴퓨터학과 <성균관대> SW학과, 컴퓨터교육과 <연세대> IT융합공학과, 인공지능학과, 컴퓨터과학과 <중앙대> AI학과, 산업보안학과, 소프트웨어학부, 예술공학부	수학I, 수학II, 미적분, 기하	-	확률과 통계, 인공지능 수학	-
산업	<경희대> 산업경영공학과 <고려대> 산업경영공학부 산업 <성균관대> 시스템경영공학과 <연세대> 산업공학과	수학I, 수학II, 미적분, 확률과 통계	-	-	-
물리	<경희대> 물리학과, 응용물리학과 <고려대> 물리학과 <성균관대> 물리학과 <연세대> 물리학과 <중앙대> 물리학과	수학I, 수학II, 미적분, 기하	물리학I, 물리학II	확률과 통계	화학I
기계	<경희대> 기계공학과 <고려대> 기계공학부 <성균관대> 기계공학부 <연세대> 기계공학부 <중앙대> 기계공학부	수학I, 수학II, 미적분, 기하	물리학I, 물리학II, 화학I	확률과 통계	화학II
전기·전자	<경희대> 생체의공학과, 전자공학과, 정보디스플레이학과 <고려대> 반도체공학과, 전기전자공학부 <성균관대> 반도체시스템공학과, 전자전기공학부 <연세대> 시스템반도체공학과, 전기전자공학부 <중앙대> 전자전기공학부	수학I, 수학II, 미적분, 기하	물리학I, 물리학II, 화학I	확률과 통계	-

표 20. 교과 이수 과목의 대입전형 반영 방안 연구(자연계열 모집단위 중심) 결과

학문 분야	모집단위	핵심과목		핵심과목	
		수학교과	과학교과	수학교과	과학교과
의학	<경희대> 의예과, 한의예과, 치의예과 <고려대> 의학과 <성균관대> 의학과 <연세대> 의예과, 치의예과 <중앙대> 의학부	수학I, 수학II, 미적분	화학I, 생명과학I, 생명과학II	확률과 통계	물리학I, 화학II
약학	<경희대> 약과학과, 약학과, 한약학과 <성균관대> 약학과 <연세대> 약학과 <중앙대> 약학부	수학I, 수학II, 미적분	화학I, 화학II, 생명과학I, 생명과학II	확률과 통계, 기하	물리학I
간호 보건	<경희대> 간호학과 <고려대> 간호학과, 바이오시스템의과학부, 바이오의공학부, 보건환경융합과학부 <연세대> 간호학과 <중앙대> 간호학과	수학I, 수학II, 확률과 통계	생명과학I, 생명과학II	미적분	화학I, 화학II

표 20. 교과 이수 과목의 대입전형 반영 방안 연구(자연계열 모집단위 중심) 결과

    학과의 성격에 따라 다르지만 전반적으로 수학에서는 미적분이 핵심 과목인 학문 분야가 많았으며 그 중요도는 기하, 확률과 통계 순으로 나타났다. 과학 분야에서는 물리와 화학이 핵심 과목인 학문 분야가 많고 생명과학, 지구과학 순으로 중요성이 확인된다.

(2) 전공(계열) 관련 교과 성취도

정의	고교 교육과정에서 전공(계열)에 필요한 과목을 수강하고 취득한 학업 성취 수준
세부 평가 내용	• 전공(계열)과 관련된 과목의 석차등급/성취도, 원점수, 평균, 표준편차, 이수단위, 수강자수, 성취도별 분포비율 등을 종합적으로 고려한 성취 수준은 적절한가? • 전공(계열)과 관련된 동일 교과 내 일반선택과목 대비 진로선택과목의 성취수준은 어떠한가?

전공(계열) 관련 교과 성취도는 전공과 관련된 과목의 교과 성적이 우수한지 판단하며 전공 관련 교과 수강을 통해 해당 전공을 올바르게 이해하는지 확인하는 것이다. 전공 관련 교과의 성취 수준과 더불어 과목별 이수자 수와 원점수, 평균 등을 종합적으로 분석하여 학업 성취도 수준을 정밀하게 평가하게 된다. 따라서 내신 등급을 받기 쉬운 과목을 선택하기보다 희망 전공 관련 과목을 이수했을 때 더 우수한 평가를 받을 수 있다는 사실을 이해해야 한다.

상위권 대학일수록 학업 역량과 진로 역량이 주요한 평가 요소인 경우가 많다. 따라서 전공과 관련된 교과를 선택하고, 높은 성취도를 보여 대학의 전공 수업을 충분히 이해할 수 있는 역량을 갖췄다는 사실을 보여 주는 것이 중요하다.

(3) 진로 탐색 활동과 경험

정의	자신의 진로를 탐색하는 과정에서 이루어진 활동이나 경험 및 노력 정도
세부 평가 내용	• 자신의 관심 분야나 흥미와 관련한 다양한 활동에서 참여하여 노력한 경험이 있는가? • 교과 활동이나 창의적 체험 활동에서 전공(계열)에 대한 관심을 가지고 탐색한 경험이 있는가?

진로 탐색 활동과 경험은 진로를 탐색하는 과정에서 이루어진 경험과 노력의 정도를 살펴보는 요소다. 진로 탐색 활동은 평가에 반영되는 비중이 큰 항목이며, 이를 통해 개정 교육과정에서 강조하는 자기주도성을 평가한다. 주로 전공과 관련된 활동이 있는지 확인하며, 그 활동의 깊이와 성과가 뚜렷할수록 더 우수하게 판단

된다. 따라서 교과 활동에서 전공 관련된 탐구로 세부능력 및 특기 사항에 해당 역량을 보여 주거나 자율·자치 활동, 동아리 활동, 진로 활동 등 다양한 영역에서 역량을 드러내야 한다.

학생 역량 중심 기재	활동 실적 중심 기재
물리실험 유체역학 탐구 경험	드론 제작, 시험 비행 공학 관심
공학 관련 학업 역량 보여 주기	공학 관련 활동 경험 보여 주기

이때 자기주도적으로 다양한 활동을 보여 주는 것도 필요하지만 그보다 더 중요한 것은 활동이 양이 아니라 이론적 개념과 원리에 대한 깊이 있는 이해를 바탕으로 탐구 활동을 통해 자신의 역량을 드러내는 것이다. 대학에서는 대학 수업을 이해하는 데 어려움이 없는 우수한 학생을 원하기 때문에 탐구 활동을 하면서 사용된 개념과 원리를 이해하고 후속 탐구를 통해 심화하는 과정을 구체적으로 보여 주는 등 활동을 연계하고, 확장하며 심화해야 한다.

3) 공동체 역량

　공동체 역량은 학교생활기록부에 기재된 한두 가지의 항목만으로 평가되는 것이 아니라 학교생활 전반에 걸쳐 다양한 상황에서 반복적으로 우수성이 드러난 기록을 보고 종합하여 평가한다. 교내 활동 중 적극적으로 갈등을 해결해 본 경험이나 공동체가 더 나은 방향으로 나아가기 위해 의견을 제시하고 이끈 구체적인 사례가 기재되었다면 우수한 공동체 역량을 가졌다고 평가될 수 있다.

(1) 협업과 소통 능력

정의	공동체의 목표를 달성하기 위해 협력하여 구성원들과 합리적인 의사소통을 할 수 있는 능력
세부 평가 내용	• 단체 활동 과정에서 서로 돕고 함께 행동하는 모습이 보이는가? • 구성원들과 협력을 통하여 공동의 과제를 수행하고 완성한 경험이 있는가? • 타인의 의견에 공감하고 수용하는 태도를 보이며 자신의 정보와 생각을 잘 전달하는가?

　공동체 역량 중 협업과 소통은 타인의 의견을 수용하는 태도를 확인하는 평가 요소다. 협업과 소통은 문제 해결 과정에서 서로의 지식과 견해를 조율하고 공동의 규칙을 만들어 내는 능력 등이 포함되며 자신의 의견을 명확히 전달하면서도 타인의 의견을 수용할 수 있음을 보여야 한다. 특히 동아리 활동과 소규모 프로젝트에서 이러한 역량을 확인하는 경우가 많다.

　미래 사회에서는 개인의 역량만으로 해결할 수 없는 문제가 다수 발생할 것이다. 대부분의 문제가 다차원적이며 다양한 전문 분야의 협력을 필요로 하기 때문이다. 대학에서는 타인과의 협력으로 지속가능한 발전을 꾀할 수 있는 미래 인재를 양성하고자 하며, 이를 위해 협업과 소통 능력은 중요한 평가 요소 중 하나가 된다.

(2) 나눔과 배려

정의	상대방을 존중하고 이해하여 원만한 관계를 형성하고 타인을 위하여 기꺼이 나누어 주고자 하는 태도와 행동
세부 평가 내용	• 학교생활 속에서 나눔을 실천하고 생활화한 경험이 있는가? • 타인을 위하며 양보하거나 배려를 실천한 구체적 경험이 있는가? • 상대를 이해하고 존중하는 노력을 기울이고 있는가?

나눔과 배려는 의미 있는 교내 활동을 통해 이를 경험하고 지속적으로 실천하는 모습을 평가하는 항목이다. 이 평가는 봉사를 통해 타인을 도와주는 모습을 보였는지, 학급이나 학교 내 활동을 통해 상대를 배려하고 이해한 경험이 있는지를 확인한다.

(3) 성실성과 규칙 준수

정의	책임감을 바탕으로 자신의 의무를 다하고 공동체의 기본 윤리와 원칙을 준수하는 태도
세부 평가 내용	• 교내 활동에서 자신이 맡은 역할에 최선을 다하려고 노력한 경험이 있는가? • 자신이 속한 공동체가 정한 규칙과 규정을 준수하고 있는가?

성실성과 규칙 준수는 공동체 내에서 요구되는 도덕성을 살펴보

는 항목이다. 학생이 속한 공동체의 규칙과 규정을 준수하려는 노력과 맡은 역할에 최선을 다하는 모습을 통해 성실성을 평가한다. 학교생활 중에 적극적이고 성실한 모습이 많이 기록되었더라도 출결 상황에 무단 지각이나 결석 등이 있다면 성실성을 의심받을 수밖에 없다. 따라서 출결을 잘 관리하는 것도 매우 중요하다.

(4) 리더십

정의	공동체의 목표 달성을 위해 구성원들의 상호작용을 이끌어 가는 능력
세부 평가 내용	• 공동체의 목표를 달성하기 위해 계획하고 실행을 주도한 경험이 있는가? • 구성원들의 인정과 신뢰를 바탕으로 참여를 이끌어 내고 조율한 경험이 있는가?

리더십은 공동체의 목표 달성을 위해 기울인 노력과 그에 따른 결과를 평가하는 항목이다. 특히 최근 많은 대학에서 선호하는 역량 중 하나는 협력적 리더십이다. 협력적 리더십은 단순히 조직을 이끄는 능력을 넘어, 다양한 사람들의 관점을 이해하고 존중하며 공통의 목표를 달성하는 능력을 말한다. 따라서 리더십을 키우기 위해 조직원들과 신뢰 관계를 형성하고 갈등을 유연하게 조정하는 활동에 적극적으로 임할 필요가 있다.

학교생활 중에 자신의 목표를 설정하고 홀로 달성하는 능력도 필요하겠지만, 학교는 공동체 활동이 많기 때문에 공동체 활동에서 친구를 이끌고 도와주는 노력을 보이는 것도 매우 중요하다. 회장, 반장과 같은 직책을 맡지 않더라도 학급 생활 중이나 실험 실습을

상위권 대학		↔		하위권 대학
학업 역량	학업 역량 +진로 역량	진로 역량	진로 역량 +인성	공동체 역량
		← 발전 가능성 →		

표 21. 대학별 평가 요소 중요도

하는 과정 등 다양한 활동에서 리더십과 성실성, 봉사 정신을 충분히 보여 줄 수 있다.

각 대학별로 평가 요소의 중요도는 다를 수 있다. 다만 이를 반영하는 평가 요소의 비율을 살펴보면 상위권 대학일수록 학업 역량과 진로 역량을 주요한 평가 요소로 간주하여 높은 비중으로 반영한다. 따라서 대학별 평가 요소를 정확하게 이해하면서 학업 역량과 진로 역량을 키우기 위해 노력해야 한다.

경쟁력 있는 학교생활기록부 디자인하는 법

3

장

매력적인 학교생활기록부는
주제 탐구와 독서에서 출발한다

학생부종합전형 평가 자료인 학교생활기록부에서 평가할 수 있는 요소는 점점 줄어드는 추세다. 2022 대입에서는 수상 경력, 진로 희망 분야, 봉사 활동 특기사항, 방과 후 학교 수강 및 활동 내용, 독서 활동 상황, 행동특성 및 종합의견이 모두 반영되었다. 하지만 2023 대입부터 미반영 요소가 증가하면서 자율 활동, 진로 활동, 동아리 활동, 교과 세부 특기사항, 행동특성 및 종합의견만이 학교생활기록부에서 평가할 수 있는 항목으로 남게 되었다.

2024 대입에서 미반영 요소가 증가하고 자기소개서도 폐지되면서 평가 자료의 범위가 더욱 축소되었다. 이 때문에 비교과에서 판단할 수 있는 근거가 줄어 교과 영역의 평가가 더욱 주요해질 것이라는 예측도 있었다. 학교생활에서 학생들이 가장 많은 시간을 보내는 것이 교과 수업이므로 교과 영역의 평가는 중요할 수밖에 없

다. 하지만 전체적으로 학생부종합전형 평가를 생각할 때 평가 요소가 축소되었다는 사실에 집중하기보다 남아 있는 각 영역의 중요도가 더욱 커졌다고 판단하는 것이 좋다.

추천서는 폐지되었지만 행동특성 및 종합의견이나 세부능력 및 특기사항의 학업 태도 등이 구체적으로 기재되면서 추천서의 역할을 대신하게 되었다. 또 자기소개서 폐지로 평가 자료가 학교생활기록부로 한정되면서, 세부능력 및 특기사항과 창의적 체험 활동 등에서 독서를 통한 탐구 역량을 드러내는 것도 더욱 중요해졌다. 이러한 변화로 인해 창의적 체험 활동이 개별화되고 세특화되는 경향도 나타나는 중이다.

2022 대입		2023 대입		2024 대입	
수상 경력		수상 경력			자율 활동
진로 희망		창체	자율 활동	창체	진로 활동
창체	자율 활동		진로 활동		동아리 활동
	진로 활동		동아리 활동		
	봉사 활동	교과	세특	교과	세특
	동아리 활동				
교과	세특				
	방과후 학교				
독서활동		독서 활동			
행동특성 및 종합의견		행동특성 및 종합의견		행동특성 및 종합의견	
자소서		자소서			

표 22. 대입 반영 요소의 변화

실제 학생부종합전형으로 어느 대학에 합격한 학생은 다른 지원 대학에서도 대부분 합격하는 경우가 꽤 많다. 이는 대학마다 인재상이나 학생부종합전형 평가의 관점이 일부 다를 수 있지만 좋은 학교생활기록부를 바라보는 관점은 비슷하다는 것을 의미한다. 학교생활을 나름대로 열심히 한다고 해도 학교생활기록부가 올바른 방향으로 디자인되지 않으면 대학에서 보기에 그리 매력적으로 느껴지지 않을 수 있다.

학교생활기록부에 기재할 수 있는 축소된 영역 내에서 학생의 역량을 어필하기 위해서는 학교생활기록부를 어떻게 디자인할지 알아야 한다. 학생부종합전형 평가의 관점을 명확하게 인식하며 학교생활을 한 학생과 그렇지 않은 학생의 학교생활기록부 경쟁력은 매우 다르다. 모든 대학을 만족시키는 학교생활기록부의 가장 두드러진 특징은 독서 기록이 충실하고, 주제 탐구를 깊이 있게 했다는 것이다.

학교생활기록부에서 미반영 요소가 증가하면서 특히 독서 활동의 중요성이 더욱 커졌다. 독서는 기존과 같이 도서명만 나열하는 것이 아니라 활동 내용이 구체적으로 기재되기 때문에 학생의 자기주도성과 역량을 볼 수 있는 주요한 요소로 작용한다. 따라서 독서를 통해 지식을 확장하고 이를 명확히 보여 줘야 한다는 점을 잊지 않아야 한다. 서울대학교 학교생활기록부 기반 면접 및 구술고사 연구를 보더라도 대학은 전반적으로 전공 역량과 전공 적합성을 매우 중요하게 바라보며, 이 중 독서 항목을 통해 학생의 전공과 관련된 역량을 평가하는 경우가 많다는 것을 알 수 있다.

문학: ...수업에서 '찬기파랑가', '속미인곡'을 접한 후 중세 국어와 근대 국어에 대한 이해가 고전 문학 이해에 있어 필수적임을 깨닫고, 중세 국어의 변천 과정에 대한 **탐구를 수행함**. 내 호기심, 관심사를 충족하기 위해 전문 기관의 자료를 비롯하여 **이기문 교수의 〈국어의 역사〉, 김지형 박사의 〈훈민정음의 소실 문자 아래아의 음가 추정 방법론〉을 참고함**. 탐구를 통해 중세 국어가 근대 국어로 넘어가는 과정에서 음운이나 어휘, 형태, 표기 등에서 많은 변화가 발생했음을 **발견함**. 또한 탐구 결과를 도출하는 과정에서 자신이 사용하는 ○○지역 방언에 중세 국어의 흔적이 많이 보인다는 점을 **발견하여** 그 이유에 대한 탐구를 이어 나감...

수업
↓
호기심, 관심
↓
독서 활용, 탐구 활용
↓
지식의 확장

문학 세부능력 및 특기사항에 기재된 예시를 살펴보자. 수업-호기심-독서 활용-지식의 확장의 순서에 맞춰 설명하면 다음과 같다. 1) 문학 수업 시간에 2) 중세 국어와 근대 국어를 향한 호기심이 생겨 중세 국어의 변천 과정을 탐구하기 위한 도구로 3) '국어의 역사', '훈민정음의 소실문자 아래아의 음가 추정 방법론'을 활용해 4) 지식을 확장한 경험이 기재되어 있다.

문학: ...수업에서 '찬기파랑가', '속미인곡'을 접한 후 중세 국어와 근대 국어에 대한 이해가 고전 문학 이해에 있어 필수적임을 깨닫고, 중세 국어의 변천 과정에 대한 **탐구를 수행함**. 탐구를 통해 중세 국어가 근대 국어로 넘어가는 과정에서 음운이나 어휘, 형태, 표기 등에서 많은 변화가 발생했음을 **발견함**. 또한 탐구 결과를 도출하는 과정에서 자신이 사용하는 ○○지역 방언에 중세 국어의 흔적이 많이 보인다는 점을 발견하여 그 이유에 대한 탐구를 이어 나감..... 이후 탐구 내용에 대한 호기심을 바탕으로 **이기문 교수의 〈국어의 역사〉, 김지형 박사의 〈훈민정음의 소실 문자 아래아의 음가 추정 방법론〉을 읽으며 자기주도적으로 지식을 확장해 나가는 모습이 매우 훌륭했음.**

수업
↓
호기심, 관심
↓
주제 탐구
↓
독서를 통한 지식의 확장

두 번째 예시를 앞의 경우와 비교해 보자. 1) 문학 수업 시간에 2) 중세 국어와 근대 국어에 대한 호기심이 생겨 중세 국어의 변천

과정 탐구를 수행 3) 탐구를 진행하며 ○○지역 방언에 중세 국어의 흔적이 많이 보임을 발견하고 이유에 대해 후속 탐구를 진행하며 4) 이때 '국어의 역사', '훈민정음의 소실문자 아래아의 음가 추정 방법론'을 활용해 지식의 확장을 보여 준다.

두 사례 중 어느 사례가 더 좋은 평가를 받을까? 무조건 어느 사례가 좋다고 말하기 어렵지만 최근에는 두 번째 사례를 더 좋게 보는 경우가 많다. 예전에는 독서를 통한 수행평가가 일반적이었다. 하지만 과제형 수행평가를 하지 못하게 되면서 정규 수업 시간 중 1~2시간을 이용해 수행평가를 진행하며 독서로 수행평가를 하고, 독서를 기록하는 경우가 많이 줄어들었다. 이에 따라 관심 있는 주제의 탐구 활동을 진행한 후 후속 탐구를 하며 독서를 활용해 지식을 심화하고 확장한 경험을 보여 주는 것이 중요해졌다. 이때 독서 활동은 구체적으로 기재해야 한다. 활동 내용이 구체적으로 기재되어야 평가자가 활동의 깊이를 알 수 있기 때문이다. 또 면접에서 독서 활동을 검증하는 경우가 매우 많기 때문에 자신이 소화하기에 적절한 수준의 책을 읽는 것이 좋다.

주제 탐구와 독서가 시사하는 바는 결국 탐구력이 매우 중요한 평가 요소라는 것이다. 바로 이 핵심을 놓치지 않는다면 경쟁력 있는 학교생활기록부를 만드는 것도 크게 어렵지 않다.

학생부종합전형 평가의 관점

1) 전형자료 축소로 학교생활기록부에 기재된 모든 부분의 중요도가 높아짐.

2) 교육과정 안에서 과목을 선택해 이수하는 것도 중요함.

3) 학교생활기록부의 세특 항목이 가장 중요함.(교과 이해 정도, 학습 태도, 탐구력 등 파악)

4) 창체에서 교과를 기반으로 한 전공과 관련된 탐구 활동의 중요성이 증가함.(창체의 세특화)

5) 독서 활동을 통한 지식의 확장이 중요함.

학교생활기록부
기재 요령 이해

    과거에는 학교생활기록부를 비롯해 자기소개서까지 학생을 평가할 수 있는 내용이 훨씬 많았기 때문에, 서류만 읽어도 학생의 모습이 그려진다고 이야기할 정도였다. 하지만 최근 대학에서 평가를 담당한 입학사정관들은 학교생활기록부 기재량이 줄어들고, 미반영 요소가 늘어나면서 학생의 개인적인 특성과 장점은 잘 보이지 않고, 활동 제목만 남았다고 말하며 평가의 어려움을 토로한다. 또 개인의 특성과 역량이 잘 드러나지 않으면 해당 학생을 매력적으로 느끼기 어렵다고 말하기도 한다.

    주제 탐구 활동을 잘 수행하고 나서도 학생부종합전형 평가의 관점을 잘 이해하지 못하면 학교생활기록부 기재의 핵심 요소를 놓치게 될 수 있다. 예를 들어 보고서의 내용이 지나치게 길게 서술되면 학생의 태도와 역량을 기재하는 것이 제대로 이루어지지 않아 수준 있는 활동을 하고도 좋은 평가를 받지 못할 수도 있는 것이다. 학교생활기록부는 진로 활동 700자를 제외하면 모두 500자로 기재된다. 이때 대학에서는 한정된 글자 수 내에서 탐구의 내용과 전문 용어의 나열보다 탐구와 관련된 학생의 태도, 배우고 느낀 점, 새롭게 알게 된 점, 모둠 활동이라면 배려나 협력, 리더십 등 학생 개인의 특성과 장점을 함께 보고자 한다는 점을 기억해야 한다.

물론 학교생활기록부의 기재는 교사가 하는 것이지만 소재를 만드는 것은 학생의 활동이다. 따라서 학교생활기록부 디자인은 얼마든지 학생 개개인이 할 수 있다. 따라서 학교생활기록부는 궁극적으로 교사와 학생이 함께 만들어 가는 것이다. 학생들은 진로, 동아리, 수행평가 등의 주제를 결정해야 하며 자기평가서로 자신이 어떤 특성과 장점을 지니고 어떤 노력을 했는지 보여 줄 수도 있어야 한다.

따라서 학교생활기록부가 어떤 방향으로, 어떤 관점으로 기재되는지를 이해하는 것이 중요하며, 이를 고려해 큰 그림을 그리면서 디자인해 나갈 필요가 있다.

1) 학교생활기록부 평가 기준

학교생활기록부는 학생의 성장과 학습 과정을 직접 관찰하고 평가하여 기록하는 자료로, 학교 교육과정에서 관찰되는 학생의 개별적인 특성을 기재하는 데 사용된다. 학교생활기록부는 입력 주체가

항목		입력 주체
출결 상황 특기사항		학급 담임 교사
창의적 체험 활동 상황 영역별 특기사항	자율 활동, 진로 활동	학급 담임 교사
	동아리 활동	해당 동아리 담당 교사
교과 학습 발달 상황	과목별 세부능력 및 특기사항	교과 담당 교사
	개인별 세부능력 및 특기사항	학급 담임 교사

표 24. 학교생활기록부 평가 기준

직접 관찰하고 평가한 내용을 근거로 자료를 입력해야 한다. 또 각 영역의 내용은 해당 영역에만 입력해야 하므로 입력 글자 수의 초과 등을 이유로 특정 영역의 내용을 다른 영역에 입력할 수 없다.

학교생활기록부의 서술형 항목은 교사가 직접 관찰하고 평가한 내용을 근거로 입력하는 것이 원칙이다. 다만 학교 교육 계획에 따라 실시한 교육 활동 중 교사 지도하에 학생이 직접 작성한 자료의 경우 학교생활기록부 기재 시 활용할 수 있다. 활용 가능한 자료는 동료평가서, 자기평가서, 수업산출물(수행평가 결과물 포함), 소감문, 독후감 다섯 가지로 한정된다.

학생은 학교생활기록부를 기재하는 주체가 아니지만 평가의 기준을 반드시 알아야 한다. 학교생활기록부는 구체성, 지속성, 개인의 특성과 역량이라는 네 가지 요소를 중심으로 평가된다. 따라서 역량이 추상적으로 기재되거나, 일회성 활동인 경우 그 내용이 학생에 관한 우수한 평가로 이어지기 어렵다. 학생들은 활동을 수행할 때 적절한 주제를 선정하여 더욱 깊이 있게 탐구해야 하고, 자기평가서를 작성할 때 자신의 노력을 충분히 보여 주기 위해 노력해야 한다.

특히 대학은 수행평가나 탐구의 내용 자체뿐만 아니라 활동과 탐구를 위해 학생이 기울인 노력도 평가한다. 따라서 자기평가서를 자신이 수행한 활동 내용으로 나열하는 것은 지양해야 한다.

학생은 자신이 얼마나 좋은 태도로 수업을 들었고 사고력과 탐구력을 키우기 위해 어떤 노력을 하였는지를 구체적으로 기록하는 것이 중요하다. 즉, 주제를 선정한 동기와 노력, 활동을 통해 배우고 느낀 점, 후속 활동 계획과 실천 등을 구체적으로 기록하여 평가자가 학생을 정확하게 판단할 수 있도록 교사에게 많은 정보를 제공해야 한다. 이처럼 지적 호기심을 바탕으로 적극적으로 탐구를 진행하고 문제를 해결했던 경험을 구체적으로 기록하면 교사들이 학생의 장점을 기술하는 데 큰 도움이 될 뿐만 아니라 자신의 학교생활기록부의 수준을 높이는 데도 도움이 된다.

학교생활기록부에 기재되지만 대학에 제공되지 않아 입시 자료로 활용되지 않는 항목은 '3. 수상경력, 4. 자격증 및 인증 취득 상황, 7. 독서 활동 상황'이다.

자율 활동, 동아리 활동, 각 과목별/개인별 세부능력 및 특기사항, 행동특성 및 종합의견은 500자 이내로 기재해야 하며, 진로 활동은 700자로 기재한다. 하나의 활동을 진행하고 기재할 때 보통 200~250자 정도 기재되기 때문에 항목당 대체로 2개의 활동을 작성할 수 있다. 진로 활동은 3개의 활동을 기재할 수 있는 분량이

영역	세부항목	최대 글자 수 (한글 기준)	비고
1. 인적·학적사항			
2. 출결상황			
3. 수상경력			미제공
4. 자격증 및 인증 취득상황			미제공
5. 창의적 체험 활동 상황	자율 활동 특기사항	500자	
	동아리 활동 특기사항	500자	자율 동아리 미반영
	진로 활동 특기사항	700자	
	봉사 활동 실적 활동내용		개인 봉사 실적 미반영
6. 교과 학습 발달 상황	과목별 세부능력 및 특기사항	과목별 500자	학기별 8과목 내외
	개인별 세부능력 및 특기사항	500자	
7. 독서 활동 상황			미제공
8. 행동특성 및 종합의견	8. 행동특성 및 종합의견	500자	

표 25. 학교생활기록부 활동별 최대 글자 수

된다고 판단하며 활동을 기획할 필요가 있다.

2) 주요 영역 기재 요령

(1) 창의적 체험 활동 상황

5. 창의적 체험 활동 상황	자율		특기사항	① 자율 동아리 대입 미반영 ② 개인 봉사 활동 실적 대입 미반영 (학교 계획 봉사 활동 실적은 반영) ③ 특기사항 글자 수 자율(500) 동아리(500) 봉사(미기재) 진로(700)
	동아리	정규	특기사항	
		자율		
	봉사		특기사항	
			실적	
	진로		특기사항	

창의적 체험 활동에 기재되는 사항 중 자율 동아리 활동과 개인 봉사 활동 실적은 대입에 반영되지 않으며 진로 희망 분야도 대학에 제공되지 않는 항목이다.

학년	① 창의적 체험 활동 상황		
	영역	② 시간	③ 특기사항
	④ 자율 활동		
	⑤ 동아리 활동		
			(자율 동아리)
	⑥ 진로 활동		희망 분야 상급 학교 미제공

학년	⑦봉사 활동 실적				
	일자 또는 기간	장소 또는 주관기관명	활동 내용	시간	누계 시간

표 26. 창의적 체험 활동 영역 기재 요령

창의적 체험 활동 상황에 기재되는 활동 내용은 학생의 노력에 의한 행동 변화와 성장을 판단할 수 있도록 개별적인 행동 특성, 참여도, 협력도, 활동 실적 등 구체적인 활동 내용이 포함되어야 한다. 단순히 활동을 나열하는 방식으로 기재된 학교생활기록부는 학생의 우수성을 판단하기 어려우므로 실제적인 역할과 활동 위주로 입력해 개별적인 특성이 드러나야 한다.

소집단 공동 연구	자유 연구	프로젝트 학습
2인 이상으로 팀을 구성하여 탐구 주제를 설정하고 역할 분담, 협력 활동을 통해 과제	학생 스스로 주제를 선정하여 여러 가지 탐구 방법을 이용하여 해결하는 연구	학생이 탐구 활동 주제를 스스로 설정하여 장기간 수행하는 방법

자율 탐구 활동은 정규 교육과정 이수 과정에서 사교육의 개입 없이 학교 내에서 학생 주도로 수행한 자율 탐구 활동에 한하여 학교생활기록부에 기재될 수 있다. 이때 학생의 개별 특성인 자료 수집 능력 및 분석 능력, 주제 선정 시 진로와 사회 문제를 연결하려는 노력 등을 구체적으로 기재할 수 있다. 따라서 소집단 공동 연구, 자유 연구, 프로젝트 학습 등으로 자율 탐구 활동을 진행하고 이를 학교생활기록부에 기재할 수 있도록 노력하는 것이 필요하다.

자율 활동은 리더십과 나눔, 배려, 그리고 주제 탐구 활동을 기록할 수 있다. 진로 활동은 주제 탐구 활동 1~2개와 후속 독서 등으로 3개의 활동을 구성하는 것이 적절하다. 동아리는 토의, 토론, 실험, 주제 탐구 등의 활동과 후속 독서 등 2개의 활동으로 기획해 볼 수 있다. 창의적 체험 활동은 자율, 진로, 동아리 활동의 성격에 따라 적절한 기획을 통해 자신이 해야 할 활동을 계획하고, 주제 탐구 활동과 독서를 통해 깊이 있는 활동을 입증해야 하는 항목이다.

(2) 교과 학습 발달 상황

6. 교과 학습 발달 상황	성적	① 방과후 학교 미기재
		② 모든 교과 학생에 대해 교과세특 입력
	교과 세특	③ 영재/발명 교육 대입 미반영

교과 학습 발달 상황은 성적과 교과 세특으로 구성되며 과목별 성취 기준에 따른 성취 수준의 특성 및 학습 활동 참여도, 자기주도적학습에 의한 변화와 성장 정도를 기재하는 영역이다. 정규 교육과정의 교과 성취 기준에 따라 수업 중 연구 보고서 작성이 가능한 과목(수학과제 탐구, 사회문제 탐구, 융합과학 탐구, 과학과제 연구, 사회과제 연구)은 특기할 만한 사항이 있는 과목과 학생에 대해 '세부능력 및 특기사항'에 기재할 수 있다. 다만 연구 보고서 실적(제목, 연구 주제 및 참여 인원, 소요 시간)은 제외된다.

학기	교과	과목	단위수	원점수/과목 평균 (표준편차)	성취도 (수강자 수)	석차등급	비고
1	국어	독서	4	83/57.79 18.4)	A(377)	1	
	수학	미적분	4	91/63.3(12.4)	A(132)	1	
	수학	확률과 통계	2	93/53.2(21.5)	A(321)	1	
	영어	영어1	4	100/77(18.2)	A(377)	1	
	과학	물리학1	2	98/89(10.3)	B(32)	2	
	과학	화학1	3	87/89(18.3)	A(128)	5	
	과학	생명과학1	4	83/77(23.5)	A(345)	3	

구분			원점수/과목 평균(표준편차)			성취도(수강자 수)		석차 등급	비고
			원점수	과목 평균	표준편차	성취도	수강자 수		
보통 교과	공통 과목		○	○	○	5단계	○	○	과학탐구실험 성취도 → 3단계(석차등급 미산출)
	일반 선택 과목	기초/ 탐구/ 생활·교양 교과(군)	○	○	○	5단계	○	○	교양 교과(군) 제외
		체육·예술	-	-	-	3단계	-	-	수강자 수 입력하지 않음
	진로 선택 과목 ※기초/탐구/ 생활·교양/ 체육·예술 교과(군) (성취도 3단계)		○	보통교과 공통과목, 과학탐구실험, 진로선택과목 (진로선택으로 편성된 전문교과 포함), 체육·예술 교과(군)의 일반 선택 과목, 교양 교과(군)의 과목 제외	-	3단계	○	-	진로선택으로 편성된 '전문교과Ⅰ·Ⅱ' 포함 교양 교과(군)제외 석차 등급 및 '표준편차' 삭제 '성취도별 분포비율' 입력
	교양 교과(군)		-	-	-	P	-	P	
전문교과1 전문교과1			○	○	○	5단계	○	○	(성취도 3단계)융합과학 탐구, 과학과제 연구, 물리학 실험, 화학 실험, 생명과학 실험, 지구과학 실험, 사회 탐구 방법, 사회과제 연구
전문교과2			○	○	○	5단계	○	-	석차등급은 산출하지 않음
보통교과 및 전문교과1 중 수강자수 13명 이하인 과목			○	○	○	교과(군)별 3단계 또는 5단계	○	'·' 또는 '○등급'	보통교과 공통과목, 과학탐구실험, 진로선택과목(진로선택으로 편성된 전문교과 포함), 체육·예술 교과(군)의 일반 선택 과목, 교양 교과(군)의 과목 제외
학교간 통합 선택교과(공동교육과정) 과목			○	○	○		○	-	보통교과 진로선택과목 (진로선택으로 편성된 전문교과 포함), 체육·예술 교과(군)의 일반 선택 과목, 교양 교과(군)의 과목 제외

표 27. 학교생활기록부 교과 학습 발달 상황 표시 정보

교과 성적란에서 보통교과는 '성취도(A-B-C-D-E)'와 '석차등급(1등급-9등급)'으로, 전문교과는 '성취도(A-B-C-D-E)'로 성적을 산출하는 것을 원칙으로 한다. 다만 보통교과에 속한 진로 선택 과목의 경우 '성취도(A-B-C)'로 성적을 산출하며 성취도별 분포 비율을 입력하고 석차등급과 표준편차는 입력하지 않는 것이 원칙이다.

과목별 세부능력 및 특기사항에서 '기초교과(군)', '탐구교과(군)'의 과목은 모든 학생에게 입력할 수 있다. 다만 자율 탐구 활동으로 작성한 연구 보고서는 창의적 체험 활동 영역에만 기재 가능하며 세부능력 및 특기사항에는 관련 사항 일체를 기재할 수 없으며 탐구 보고서 등으로 편법 기재하는 것도 금지한다. 정규 교육과정 외에 학생이 수행한 결과물을 두고 점수를 부여하는 과제형 수행평가도 실시해서 안 된다.

학교 내 자율적 교육 활동이 특정 과목의 세부능력 및 특기사항으로 한정하기 어려운 경우 '개인별 세부능력 및 특기사항'에 입력할 수 있다. 따라서 학교 내 자율적 교육과정을 통해 탐구한 융합 주제 탐구 내용은 개인별 세부능력 및 특기사항에 기재할 수 있다. 이때 융합 주제 탐구에서 가장 중요한 것은 탐구를 통해 학생 개인의 역량이 잘 드러나야 한다는 것이다.

항목	내용
한국학교	한국학교의 성적 산출 방식이 국내학교와 다른 경우
학력인정 대안학교	학력인정 대안학교의 성적 산출 방식이 전입교와 다른 경우
전·입학, 귀국 등에 따른 미이수 교과목 보충 학습 과정	전·입학, 귀국 등에 따라 공통과목을 이수하지 못하여 온·오프라인의 방법으로 '보충 학습 과정'을 실시했는데 당해 학기에 관련 과목이 개설되지 않은 경우
영재 교육	당해 학기에 관련 과목이 개설되어 있지 않은 경우
발명 교육	당해 학기에 기술·가정, 과학 교과 모두 개설되지 않은 경우
학교 외 학습경험 인정에 따른 과목 이수	당해 학기에 관련 과목이 개설되어 있지 않은 경우
수업량 유연화에 따른 학교 자율적 교육 활동	특정 과목의 세부능력 및 특기사항으로 한정하기 어려운 경우
교육감이 지정한 교육 기관의 방송·정보 통신 매체를 활용한 수업(온라인 수업)	교육감이 지정한 교육기관의 방송·정보 통신 매체를 활용한 수업을 수강하였으나 당해 학기에 관련 과목이 개설되어 있지 않은 경우 (성적의 일부 또는 전부가 산출되지 않은 과목에 한하여 이수내용 기재)

표 28. 개인별 세부능력 및 특기사항 기재 내용

고교학점제 및 내신 5등급제 전면 적용에 대응하여, 내실 있는 학교생활기록부 위주의 전형 운영을 위해 1) 과목별 평가 정보 및 2) 교육과정 운영상 특기사항 정보를 추가적으로 제공하는 안이 2025년에 교육부에서 발표되었다.

□ **대입전형자료(학교생활기록부) 변경사항**

◦ **고교학점제** 및 **내신 5등급제 전면 적용**에 대응하여, 내실 있는 학생부위주전형 운영을 위한 ① **과목별 평가 정보** 및 ② **교육과정 운영상 특이사항 정보** 추가 제공

① **(과목별 평가정보)** 지필평가-수행평가 비중, 수행평가 영역명, 성취도별 분할점수

② **(교과 운영 특이사항)** 과목별 개설 유형, 과목 이수 상황, 학적 변동(편입·전학 등)으로 인한 이수과목 차이 등 운영상 특이사항

　　1) 공동교육과정, 온라인학교, 학교 밖 교육 등
　　2) 출석률 미달로 인한 추가학습 이수, 미이수, 대체이수 등

<대입전형자료 구성(안)>

구분	대입전형자료							추가자료
	학교생활기록부							
	절대평가		상대평가	통계정보			비고	
	원점수	성취도	석차등급	성취도별 분포비율	과목평균	수강자수		
보통교과	○	A·B·C·D·E	5등급	○	○	○	○	△ 교육과정 편성현황 △ 과목별 평가정보
사회·과학 융합선택	○	A·B·C·D·E	-	○	○	○	○	
체육·예술/ 과학탐구실험	-	A·B·C	-	-	-	-	○	
교양	-	P	-	-	-	-	○	
전문교과	○	A·B·C·D·E	5등급	○	○	○	○	

표 29. 교육부에서 발표한 대입전형자료 변경사항

따라서 대입전형자료로 원점수와 성취도, 석차등급, 성취도별 분포비율, 과목평균, 수강자수 이외에 지필평가와 수행평가의 비중, 수행평가 영역명, 성취도별 분할점수가 함께 제공되도록 구성되었다. 이뿐만 아니라 교과 운영 특이사항으로 과목 개설 유형, 과목 이수 상황, 학적 변동으로 인한 이수 과목 차이 등도 대입 정보로 제공되는 것으로 구성되었다.

지필-수행 비중 제공	☞	적절 비중 및 학업성취 변별력 강화
수행평가 영역명 제공	☞	수행평가에 대한 질적인 평가 강화
성취도별 분할점수 제공	☞	표준편차 대체 / 학교, 학생 수준 평가 강화
교과운영 특이사항 제공	☞	교육과정 운영에 대한 이해 자료로 활용

대학은 항상 평가 정보의 부족을 토로해 왔다. 이러한 상황에서 대입전형자료 변경 사항이 평가에 미치는 영향은 의외로 클 수 있다. 가장 큰 변화는 평가에 반영할 수 있는 정보의 양이 많아졌기 때문에 더 세밀한 평가가 이루어질 있게 되었다는 점이다. 지필-수행평가 비중을 제공하는 것은 수행평가가 적절한 비중으로 이루어졌는지에 대한 여부와 더불어 학업성취의 변별력이 강화될 수 있음을 의미한다. 수행평가 영역명이 제공되는 것은 수행평가의 구성 및 적절성을 판단할 수 있기 때문에 수행평가에 대한 질적인 평가

가 강화될 수 있음을 의미한다. 성취도별 분할 점수가 제공되는 것이 표준편차를 대체할 수는 없지만 성취도별 분할 점수 제공으로 인해 고사 난이도 및 학교와 학생의 수준에 대한 질적 평가가 강화될 가능성이 높다. 마지막으로 교육과정 운영의 이해 자료로 교과 운영 특이사항을 활용할 수 있다는 점도 특징이다.

하지만 이를 전사고와 특목고, 일반고 간의 학교 유형별 유불리가 발생할 것이라고 해석할 필요는 없다. 어느 학교 유형의 학생이냐가 중요한 것이 아니라 학생이 역량을 제대로 보여 주는지가 여전히 가장 중요한 평가 요소일 것이기 때문이다. 따라서 이전에 비해 대학이 평가를 더욱 세밀하게 하는 것이 가능하다는 점과 결국 깊이를 보이는 활동을 제대로 해야 좋은 평가를 받을 수 있다는 정보에서 대입전형자료 변경 사항을 이해할 필요가 있다.

(3) 행동특성 및 종합의견

8. 행동특성 및 종합의견	① 2022대입부터 추천서 폐지로 중요성 증가 ② (학교)봉사 활동 학생의 특기사항 필요시 기재 가능

　행동특성 및 종합의견은 학생의 학습과 행동, 인성 등 학교생활 전반에 걸친 모습을 지속적으로 관찰하고 평가한 기록을 바탕으로 작성된다. 이 항목은 다양한 분야에서의 구체적인 변화와 성장 등을 종합적으로 기재하며, 교사 추천서와 같은 역할을 대신한다. 행동특성 및 종합의견에서 학습 역량, 탐구력, 인성 등 여러 부분에서 우수함을 보여 주기 위해 평소 학교생활을 충실히 하는 것이 중요하다.

　이제 학교생활기록부의 주요 기재 영역의 평가 기준과 이를 디자인하는 방법을 하나씩 구체적으로 살펴보자.

창체의 시대!
창의적 체험 활동

　요즘은 '창체의 시대'라고 이야기할 정도로 창체의 중요성이 더욱 높아지는 추세다. 기존에는 과제형 수행평가로 1년 동안 관찰하고 연구한 내용을 보고서에 담아내는 경우가 있었다. 하지만 요즘은 정규 수업 시간 내에 하는 활동만 학교생활기록부에 기재되기 때문에 수행평가에서 질적 수준을 높이기는 사실상 어렵다. 보통 길어야 2~3차시에 이루어지는 활동이기 때문이다. 반면 창의적 체험 활동은 1년 내내 프로젝트로 진행할 수도 있기 때문에 주제 탐구의 깊이를 충분히 드러낼 수 있다.

　특히 최근에는 교과에서 비롯된 호기심을 창의적 체험 활동으로 연계·확장·심화해 나가는 활동이 많이 이루어지는 중이며, 이러한 내용을 담은 것이 가장 좋은 평가를 받는다.

　창의적 체험 활동은 학생들이 다양한 활동에 주도적으로 참여함으로써, 개인의 소질과 잠재력을 신장하여 창의적인 삶의 태도를 기르고 공동체 의식을 함양하도록 하는 데 목표가 있다. 학습자가 주도하는 교육과정인 만큼 학생부종합전형에서도 평가의 중요도가 계속 증가하는 추세다. 창의적 체험 활동을 어떻게 채워 나가야 할 지 이해하기 위해 자율·자치 활동, 동아리 활동, 진로 활동의 평가 요소와 학생이 참여할 수 있는 활동을 알아 두어야 한다.

1) 자율·자치 활동

영역	활동	활동 목표
자율·자치 활동	자율 활동	학생이 주제를 스스로 선택하여 활동함으로써 신체적·정신적·환경적 변화에 적응하고 자신의 삶을 개척하는 자기주도성을 함양
	자치 활동	성숙한 민주 시민으로서 타인과 원활하게 소통하고 공동체의 문제를 상호 연대하여 해결할 수 있는 역량을 함양

먼저 자율 활동은 자기주도성과 창의력을 기르기 위해 개인 연구, 소집단 공동 연구, 프로젝트 봉사 활동 등 다양한 활동을 수행하는 영역이다. 과거에는 주로 학급 임원 활동과 학급 자치 회의 내용, 각종 행사에 참여한 내용인 경우가 많았는데 이때 학생 개개인의 활동이나 개성, 관심사가 잘 드러나지 않는 문제가 있었다. 하지만 최근에는 개별화된 성장 과정을 기록한 자율 활동이 중요해지고 있다.

자치 활동은 자신의 삶을 능동적이고 주도적으로 영위하며, 공동체를 조직하고 운영하는 역량을 기르기 위한 활동이다. 기본 생활 습관 형성 활동인 자기 관리, 환경·생태 의식 함양, 생명 존중 의식 함양 활동, 민주 시민 의식 함양 활동, 관계 형성 및 소통 활동인 사제 동행 활동, 토의·토론 활동, 협력적 놀이 활동, 공동체 자치 활동, 지역 사회 연계 자치 활동 등이 해당한다. 따라서 자치 활동 등으로 공동체를 더 나은 방향으로 이끌어 가기 위해 구성원들과 적극적으로 소통하며 문제를 해결하는 모습을 보여야 한다. 또 사회 문제를 인식하고 개선하기 위해 지역 사회 연계 자치 활동을 함으로써 문제의식을 가지고 해결하기 위해 행동으로 실천하는 모습도 필요하다.

입학사정관은 학생부종합전형에서 자율·자치 활동을 두고 다음과 같은 요소를 중점으로 판단한다.

▶ 다양한 활동에서 주도적 역할
▶ 교과서의 기본 개념을 바탕으로 심화·확장된 사고를 보여 줌.
▶ 주도적인 활동에서 보여 주는 리더십
▶ 조직 구성원으로서 보여 주는 협업과 소통 능력

자율 활동을 통해 학생부종합전형을 준비할 수 있는 방법은 다양하다. 그중 가장 신경 써서 할 수 있는 활동은 크게 리더십 활동, 행사 활동, 창의 주제 활동이 있다. 리더십 활동이라고 해서 학급의 소수 특정 인원만 할 수 있다고 생각해서는 안 된다. 꼭 학급 임원이 아니더라도 지속적인 활동의 경험을 기록하고, 남들이 생각하

지 못한 창의적인 기획과 활동의 결과를 입력할 수 있기 때문이다.

학교에서 이루어지는 행사 활동은 대부분 동일한 내용이 기재되는 경우가 많다. 하지만 같은 경험을 했더라도 학생마다 느낀 점이나 활동의 결과는 달라질 수 있다. 따라서 활동 이후, 간단하게라도 보고서를 작성하고 추가 자료 조사 등으로 알게 된 점이나 느낀 점을 심화하고 확장해 나가는 것이 좋다. 이를 통해 행사 활동 가운데 1~2개의 활동에서 충분히 학생 개개인의 경험을 돋보이게 만들며 차별화된 자율 활동 기록을 만들어 낼 수 있을 것이다.

자율 활동은 학생부종합전형에 가장 어울리는 활동이라고 할 수 있다. 자율 활동은 학급·학년·학교 안에서 매우 다양하고 창의적으로 일어날 수 있으며, 모둠별 진로 활동 등으로 개개인의 경험과 결과물을 개별화하여 기록할 수 있다. 따라서 학생부종합전형의 자율 활동에서 학생들이 가장 신경 써야 할 부분은 바로 학급 내에서 다양한 아이디어를 내고, 모둠별로 함께 활동한 내용을 기록하는 것이다.

학생들이 자율·자치 활동으로 할 수 있는 활동의 예시는 다음과 같다.

<자율·자치 활동 예시>

1인 1기, 나의 꿈 발표, 나의 희망 찾기 프로젝트, 칭찬 릴레이, 진로 독서,
인물 탐색형 진로 TED 발표하기, 진로 분야별 주제 탐구

자율 활동에서 특히 추천하고 싶은 활동은 동일한 진로를 생각하는 학생들이 함께 모여 진로 관련 독서 토론을 하거나 진로별 주제 탐구를 하는 활동이다.

함께 책을 읽고 토론한 내용, 하나의 주제를 깊이 있게 탐구해 본 내용은 자율 활동을 개별화시키는 매우 훌륭한 소재가 될 수 있다. 특히 이러한 활동을 기획하고 이끌면서 리더십이나 소통 능력을 부각할 수도 있으며, 이는 자율 활동 평가시 긍정적인 평가를 받는 데 큰 도움이 될 것이다. 또 학습 부장, 서기 등 작은 역할이라도 책임감을 가지고 솔선수범하며 활동에 주도적 역할을 하는 모습을 보인다면 리더십을 충분히 인정받을 수 있다.

이외에도 자신이 학급 내에서 창의적으로 기획한 활동을 모둠별로 실시한 후 내용을 기록한다면, 기존의 정형화된 자율 활동 기록보다 훨씬 개별화된 기록을 남길 수 있다. 따라서 자율 활동의 핵심은 같은 학급의 친구들과 어떤 활동을 어떻게 할 것인가에 대한 진정성 있는 고민이다.

자율 활동에서 진행되는 대표적인 탐구 활동은 아래의 세 가지가 있다. 탐구 활동별 탐구 주제와 내용을 예시와 함께 살펴보자.

소집단 공동 연구	자유 연구	프로젝트 학습
2인 이상으로 팀을 구성하여 탐구 주제를 설정하고 역할 분담, 협력 활동을 통해 과제	학생 스스로 주제를 선정하여 여러 가지 탐구 방법을 이용하여 해결하는 연구	학생이 탐구 활동 주제를 스스로 설정하여 장기간 수행하는 방법

가. 소집단 공동 연구 활동

　- 주제: 3D프린터, 드라마와 사회 등

　- 내용: 주제 관련 문헌 검색, 관련 기관 방문 등을 공동 연구서로
　　작성

나. 자유 연구 활동

　- 주제: 웹툰, 사진 편집 등

　- 내용: 취미, 특기 등을 고려한 소논문 작성과 포트폴리오 만들기

다. 프로젝트 학습 활동

　- 주제: 조선 시대 성곽, 금융·경제 교육 등

　- 내용: 역사 탐방 프로젝트, 박물관, 전시관 등 관련 기관 견학

　결국 학생부종합전형 평가의 관점에서 봤을 때 자율·자치 활동에서는 리더십과 더불어 교과 연계 활동을 통한 교과 기반의 심화 탐구 역량을 보여 주는 것이 가장 중요하다. 따라서 전공 분야가 유사한 학생들과 토론으로 깊이 있는 주제 탐구를 수행하고, 독서로 후속 탐구를 진행하여 개별적 특성을 구체적으로 보여 주고자 노력해야 한다.

2) 동아리 활동

　동아리 활동은 학생의 진로, 흥미와 적성에 부합하도록 동아리를 구성하거나 가입하여 다양한 체험을 할 수 있는 기회를 제공한다.

또 나눔과 봉사를 실천하여 포용성과 시민성을 함양하는 데 초점을 두는 영역으로 '학술·문화 및 여가 활동'과 '봉사 활동'으로 구성된다.

보통 동아리 활동으로 진로 관련 탐구를 깊이 있게 진행하는 경우가 많다. 자신의 흥미와 진로를 탐색하여 관련한 소질과 적성을 기르기 위한 대표적인 동아리 활동은 학술 동아리인 교과 연계 및 학술 탐구 활동이다. 이외에 예술 동아리인 음악, 미술, 공연, 스포츠 등 다양한 활동이 가능하다. 그러나 간혹 원하는 동아리가 개설되지 않거나 희망 인원이 많지 않아 원하지 않는 동아리에 속해 진로와 무관한 동아리 활동을 하게 되는 학생들도 있다. 이때 좌절하지 말고, 현재 속한 동아리 내에서 진로와 연관된 활동을 하기 위해 노력한 모습을 보여 준다면 이도 평가에 긍정적인 영향을 줄 수 있다.

예를 들어 환경공학과 지원을 희망하는 학생이 과학이나 수학 관련 동아리에 속하지 않고 방송반에 속했다면 환경공학과와 관련된 재생에너지, 해수면 상승, 기후 위기 등의 문제를 다룬 기사를 작성하고 관련 내용을 탐구해 보는 것도 방법이다. 해당 문제의 현황과 문제점 등을 많은 학생에게 안내하고, 더 나은 미래를 위한 개인적인 의견까지 제시해 본다면 충분히 전공 관련 활동으로 평가받을 수 있다. 이처럼 진로와 연관된 동아리가 아니더라도 자신이 속한 동아리에서 나의 탐구 역량이나 자기주도적인 모습을 보여 줄 수 있는 방법을 고민하고 실천하면 된다.

학생부종합전형에서 동아리 활동은 다음과 같은 요소를 중점으로 평가하게 된다.

▶ 개인적 특성, 기술, 열정 및 성숙도, 적극성, 발전도

▶ 창의성, 리더십, 참여도를 토대로 볼 수 있는 전공 적합성 및 인성

▶ 동아리 활동을 통해 드러나는 자기주도적 기획력과 탐구 역량, 문제 해결 능력

▶ 취미와 특기를 기르기 위한 노력, 활동의 과정 및 결과

특히 학생부종합전형에서 동아리는 자신이 관심 있는 분야와 그 분야의 배경 지식을 확장하기 위한 노력 등을 종합적으로 보여 줄 수 있는 중요한 활동이다. 동아리 활동에서 유의해야 할 점은 전공과 관련하여 필요한 '역량'이 무엇인지 생각하면서 활동을 해야 한다는 것이다.

예를 들어 생명과학과에 진학하고자 하는 학생이 물리 동아리 활동을 하더라도 물리 실험 과정에서 배운 실험 설계, 보고서 작성 및 분석 방법은 생명과학과에서 요구하는 학업 역량으로 충분히 인정받을 수 있다. 따라서 동아리 활동의 과정에서는 기획력이나 탐구력, 문제 해결 능력 등을 보여 주는 것이 매우 중요하다.

3) 진로 활동

진로 활동은 학생이 자신의 흥미와 적성에 따른 진로를 탐색하고 설계할 수 있도록 돕는 영역으로, 학생 자신과 직업 세계에 대한 이해를 바탕으로 구성된다. 진로 희망과 관련된 학생의 자질,

진로를 향한 관심과 노력 등을 기록하는 항목이므로 학생이 적극적으로 진로를 탐색하며 자신의 진로를 찾아가는 과정을 보여 줄 수 있어야 한다.

진로 활동은 '진로 탐색 활동'과 '진로 설계 및 실천 활동'으로 나뉜다. 우선 진로 탐색 활동은 자신의 진로와 관련된 교육과 직업 정보를 탐색하기 위해 이루어지는 활동이다. 자기 이해, 생애 탐색, 가치관 확립 등과 같은 자아 탐색 활동, 직업 흥미 및 적성 탐색, 진로 검사, 진로 성숙도 탐색과 같은 진로 이해 활동, 직업관 확립, 일과 직업의 역할 이해, 직업 세계의 변화 탐구와 같은 직업 이해 활동, 학업 및 진학 정보 탐색, 직업 정보 및 자격(면허) 제도 탐색, 진로 진학 및 취업 유관 기관 탐방과 같은 정보 탐색 활동이 여기에 해당된다.

진로 설계 및 실천 활동은 희망하는 진로와 직업의 경로를 설계하고 실천하기 위한 활동을 평가하는 것이다. 진로 목표를 설정하고 계획을 수립하며, 관심 있는 진로를 더 깊이 이해하기 위해 학습이나 체험 등의 활동을 기록하는 것이 포함된다.

진로 활동은 학생의 관심 영역과 자기주도적 역량을 확인하는 데 중요한 요소로 활용되며, 학생부종합전형에서 아래와 같은 요소를 중점으로 진로 활동을 평가하게 된다.

▶ 진로 활동의 참여도, 열정 및 성숙도, 관심 분야에 기울인 노력

▶ 자아 성찰의 과정, 모집 단위에 대한 관심, 발전 가능성

▶ 전공 준비를 위한 가치 있는 활동

▶ 활동에서 드러나는 자기주도성과 리더십

학생들은 진로 활동으로 자신의 진로를 탐색하며 관심 분야에 대해 노력한 과정을 명확한 방향성을 가지고 체계적으로 보여 줄 필요가 있다. 일반적으로 진로 활동은 넓은 범위에서 시작해 점차 구체적이고 좁은 범위로 발전하는 형태를 띠는 것이 좋다.

예를 들어 1학년 때 공학자를 꿈꾸며 관련 활동을 시작하고, 2학년 때 화학공학 전반을 탐구하며, 3학년 때 고분자공학의 심화 학습을 진행했다면 진로 활동의 발전적 전개를 잘 드러낼 수 있다. 혹은 1학년 때 사회복지학자를 꿈꾸며 관련 활동을 하고 2학년 때 아동복지, 3학년 때 교육 분야의 아동복지학자를 목표로 삼아 활동할 수도 있다.

많은 학생이 꿈이 바뀌면 진로 활동의 일관성이 부족해 보일 수 있다고 생각하여 진로 변경 전에 했던 활동이 의미 없게 느껴질까 봐 걱정을 하기도 한다. 하지만 꿈이 바뀌었더라도 바뀐 과정을 잘 보여 주기만 한다면 문제가 없다. 진로 활동에서 중요한 것은 꿈의 일관성이 아니라, 자신의 미래를 탐구하는 주체적이고 주도적인 관심과 노력이기 때문이다. 따라서 평가자가 합리적인 진로 변화의 과정을 확인할 수만 있으면 충분하다. 학생들은 3년간 자신에게 맞는 진로를 찾기 위해 성실히 노력한 과정을 보여 주는 데 집중하면 된다.

또 사전 준비 과정과 활동 이후에 추가 자료 조사 등을 통해 스스로 심화 탐구한 과정을 드러낸다면, 진로 검사나 단발성 행사로 이루어진 활동에서도 의미 있는 기록을 남길 수 있으므로 활동 자체에만 집중하기보다 활동의 의미를 깊이 있게 확장하고 발전시키기 위해 노력해야 한다.

<표 30>은 희망하는 전공에 따른 창의적 체험 활동을 학생 스스로 디자인한 사례이다. 이와 같이 자신이 전공 분야에 따른 교내 활동 계획을 미리 세워 보면 창의적 체험 활동으로 자신의 역량을 드러낼 수 있다.

전공 분야	경영학과	생명공학과
자율 활동	전공 분야 아침 독서	전공 분야 아침 독서
	1학년 : 민주 시민 아카데미 2학년 : 세계 시민 교육	1학년 : 민주 시민 아카데미 2학년 : 세계 시민 교육
동아리 활동	경제 경영반 동아리 활동	생명공학 동아리 활동
진로 활동	대학 탐방 및 경영학과 탐색 보고서 NIE 활용 경영 관련 탐구 포럼 경영학 / 기업 관련 법률 제·개정 포럼 기업 활동 관련 모의UN 어반 리젠 포럼 모의 국제투자 포럼 창업 아카데미 경영학 주제 탐구 보고서 작성	대학 탐방 및 생명공학과 탐색 보고서 NIE 활용 생명공학 포럼 수학 / 과학 탐구 보고서 수학사 / 수학자 연구포럼 과학기술 커뮤니케이터 생명과학 아카데미 전공분야별 신기술 연구 포럼 생명공학 주제 탐구 보고서 작성

표 30. 창의적 체험 활동 계획 예시

4) 창의적 체험 활동의 기록 변화

창의적 체험 활동 기록에서 흔히 나타나는 잘못된 사례를 바탕으로 최근 변화된 기록의 경향을 살펴보자.

자율 활동	진로 계획서를 작성하며 진로에 대한 막연한 불안감보다 자신의 꿈을 이루기 위한 노력의 중요성 및 타인과의 협력 및 배려의 필요성을 깨달음.

- 전문 직업인과의 만남(2025.00.00.)에서 현직 간호사와의 대화를 통해 간호사에게 요구되는 자질, 준비 방법, 향후 진출 분야, 현실적인 문제점 등을 알게 되었고, 간호학과를 준비하기 위해 노력하겠다고 다짐함.
- 교내 직업박람회(2025.00.00.)에서 간호학과 부스에 참가하여 심폐소생술 실습, 간호사 역할 체험 등의 활동을 통해 간호학에 대한 관심을 가짐.
- 동문 선배 멘토링(2025.00.00.)에서 간호학과에서 배우는 교육 내용, 간호학과 진학을 위해 학교생활 과정에서 해야 할 활동 등을 알게 되었고, 이를 바탕으로 간호학과 진학을 위해 학교생활 계획표를 작성해 봄.
- 진로 독서 활동(2025.00.00.)에서 《나는 간호사, 사람입니다》(김현아, 쌤앤파커스)를 읽고, 간호사가 실제 현장에서 겪게 되는 일에 대해 알게 되었고 간호사의 처우 개선을 위해 사회적 차원의 노력이 필요하다고 생각하게 됨.

　　첫 번째 사례를 보면, 자율 활동 시간에 진로 계획서를 작성했지만 원하는 진로가 무엇인지 확인이 어렵다. 또 자신의 꿈을 이루기 위해 실천한 사항은 없고, '깨달았다'는 사항만 기재되었다. 이러한 내용은 학생을 평가하는 근거 자료의 역할을 하기 어렵다. 짧고 간단하게 작성된 것이 원인이라 생각할 수 있지만, 두 번째 사례를 보면 기재된 양과 상관없이 활동을 단순히 나열하는 방식이 바람직하지 않다는 점을 확인할 수 있다.

　　해당 사례에서 해당 학생이 간호사를 희망한다는 사실을 알 수 있다. 그러나 간호사와의 대화를 통해 구체적으로 알게 된 내용은 기재되지 않고, 단순히 활동으로 얻은 사실들만 나열되었다. 활동을 하게 된 동기, 탐구하는 과정에서 드러나는 탐구력, 새롭게 알게 된 지식, 자기주도적인 태도, 적극성 및 개인적 특성은 전혀 부각되지 않는다. 즉 기재된 양이 많다고 해서 학생의 우수성을 판단할 수 있는 근거가 보충되는 것은 아니다. 그렇다면 창의적 체험활동은 어떻게 기재되는 것이 좋을까? 또 다른 예시를 통해 기재 방식의 변화를 살펴보자.

다음 예시로 확인해야 할 기재 방식 변화의 주요 사항은 세 가지이다.

> 첫 번째, 활동을 나열하지 않고, 구체적인 내용을 드러냄.
> 두 번째, 교과 시간에 학습한 내용을 기반으로 지원학과 관련 탐구 생활을 보여 줌.
> 세 번째, 활동의 자기주도성, 확장성과 더불어 개인의 특성과 역량을 드러냄.

(1) 진로 활동의 변화 : 학교 행사, 특강, 진로 체험 위주의 기재

진로 활동	외교관 진로 특강을 통해 외교에 대해 **자세히 알게 되었으며,** 우리나라의 외교 환경에 대한 깊은 이해를 통해 외교관으로서 국가의 이익에 기여하는 직업 정신을 가져야겠다는 내용의 **보고서를 작성**하였음. 또 강사에게 다양한 질문을 하면서 진로 분야에 더욱 **확신을 갖게 됨.**

위에 기재된 내용으로는 구체적으로 알 수 있는 부분이 없어 학교생활기록부를 보면 다음과 같은 의문점이 생긴다. 외교의 어떤 부분을 자세히 알게 되었는가? 외교관이 가져야 할 직업 정신은 무엇인가? 강사에게 어떤 질문을 해서 진로 분야에 확신을 갖게 되었는가? 이처럼 구체적인 근거가 부족해 의문을 불러일으킬 수

있는 학교생활기록부는 평가의 근거로 사용할 수 있는 부분이 적기 때문에 이러한 방식의 기재는 피해야 한다.

(2) 희망 전공 분야의 주제 탐구 기재

진로 활동	**전공 관련 탐구보고서 활동**(2018)으로 윌리엄 셰익스피어의 《맥베스》와 《리어왕》을 읽고 독서 보고서를 통해 인상 깊었던 대사들의 의미, 인물들 간의 갈등 구조 및 원인 등을 분석하고, 한국 작품들과의 비교를 통하여 작품을 **깊이 이해**하려는 노력을 보임. **교내 ○○ 아카데미 강의** 중 '셰익스피어 4대 비극에서 삶을 배우다'라는 강의에서 셰익스피어의 매력을 작품 속에서 확인하고 한국 **셰익스피어 학회 홈페이지**를 방문하여 자료를 찾는 등 적극적인 진로 탐색의 모습을 보임.

(1)번의 기재보다 발전된 부분은 구체성이 드러난다는 점이다. 특히 지원을 희망하는 학과와 관련된 심화 탐구 활동과 그 내용이 구체적으로 기재되었다. 어떤 책으로 어떤 내용을 탐구했는지 확인할 수 있으며, 이 활동을 통해 자기주도적인 태도도 일부 드러난다. 하지만 학생의 역량이 구체적으로 서술되지는 않았다.

(3) 창체의 세특화

진로 활동	**사회문화 시간**에 법과 관련한 판례 분석 활동을 한 것을 토대로 사회과학 주제 탐구 세미나에 참여해 **전공 분야 판례 분석 활동**을 하며 최우수 발표자로 선정되었음. 이 과정에서 자신이 관심을 가지고 있는 **문화재 보호법**에 대한 판례를 주제로 선정하였으며 해당 법의 목적과 문화재 보호법의 다양한 사례를 추가 조사해 가며 헌법의 기본 원리와 연결하여 국가의 역할을 더 강조하는 **법률 개정을 제언**하는 모습이 인상적이었음. 이후 실제 지역 사회에 반영할 수 있는 문화재 관련 정책 사례를 발표하고, 이를 지역 사회에 직접 **정책 제안하는 등 실천 능력**이 돋보임. 또 이 과정에서 사회 현상이 일어나는 원인과 사회 문제의 해결 방법을 구체적으로 도출하는 등 **뛰어난 사고력과 과제 집착력**을 발휘한 점이 인상적이었음.

해당 예시문에서는 "사회문화 시간에"라는 언급을 통해, 교과를 기반으로 지원을 희망하는 모집 단위와 관련된 탐구 활동을 수행했다는 흐름을 알 수 있다. 즉 교내 교과 수업을 충실히 이수하며 그 과정에서 생긴 호기심이 진로와 연결되고 주제 탐구로 이어진 것이기 때문에 학업 역량과 진로 역량을 모두 평가할 수 있는 중요한 요소가 된다. 또 탐구 활동의 구체적인 기재를 통해 활동의 자기주도성과 학생 개인의 특성도 살펴볼 수 있다.

(4) 창체의 세특화 : 교과 기반 활동 + 독서 > 가장 우수한 기재

진로 활동	**사회문화 시간**에 법과 관련한 판례 분석 활동을 한 것을 토대로 사회과학 주제 탐구 세미나에 참여해 **전공 분야 판례 분석 활동**을 하며 최우수 발표자로 선정되었음. 이 과정에서 자신이 관심을 가지고 있는 **문화재 보호법**에 대한 판례를 주제로 선정하였으며 해당 법의 목적과 문화재 보호법의 다양한 사례를 추가 조사해 가며 헌법의 기본 원리와 연결하여 국가의 역할을 더 강조하는 **법률 개정을 제언**하는 모습이 인상적이었음. 이후 실제 지역 사회에 반영할 수 있는 문화재 관련 정책 사례를 발표하고, 이를 지역 사회에 직접 **정책 제안하는 등 실천 능력**이 돋보임. 또한 이 과정에서 사회 현상이 일어나는 원인과 사회 문제에 대한 해결 방법을 구체적으로 도출하는 등 **뛰어난 사고력과 과제 집착력**을 발휘한 점이 인상적이었음. 탐구의 과정과 **탐구 이후**, 다양한 학술 자료를 참고하여 깊이 있게 탐구하였으며 특히 《2022 문화재관련법령》(배승현·하상삼, 예문사), 《한국 문화재 수난사》(이구열, 돌베개) 등의 도서를 읽고 추가 발표를 진행하는 등 자기주도적으로 문제를 해결하고 지식을 확장해 나가는 모습이 매우 뛰어난 학생임.

해당 예시문에서 추가된 점은 주제 탐구 이후에 후속 탐구를 진행하였으며, 이 과정에서 독서를 통한 지식의 확장을 보여 주었다는 점이다. 이를 통해 진로와 관련된 탐구를 깊이 있게 진행한 모습을 드러낼 수 있고, 탐구 과정에서 생긴 호기심과 궁금증을 해결하기 위해 후속 탐구를 진행한 점도 평가에 긍정적인 영향을 미칠

수 있다. 또 독서를 통한 지식의 확장으로 탐구력을 보여 줄 수 있다는 점도 우수한 평가 요소다.

결국 좋은 학교생활기록부를 만들기 위해서는 교과를 기반으로 지원하고자 하는 모집 단위와 관련된 탐구 활동을 진행하고, 독서를 통한 후속 탐구를 수행하여 다양한 역량을 보여 주는 것이 가장 좋다.

지적 탐구가 태도로 드러나는 교과 학습 발달 상황

'교과 학습 발달 상황' 영역은 교과별 성취 기준에 따른 성취 수준의 특성, 학습 활동 참여도, 그리고 자기주도적학습에 의한 변화와 성장 정도를 중심으로 기재된다. 이 영역은 과목별 학업 성취 결과를 정량적으로 보여 주는 교과 성적 항목과 각 과목별 담당 교사가 학생의 학습 과정을 서술형으로 기록한 세부능력 및 특기사항으로 이루어졌다. 특히 세부능력 및 특기사항은 과목별 성취 기준에 따른 성취 수준의 특성과 학습 활동 참여도 등이 기재되는 영역으로, 학생부종합전형 평가에 굉장히 중요한 영향을 미친다.

1) 세부능력 및 특기사항

세부능력 및 특기사항은 흔히 '세특'이라고 불리는데, 이는 학생이 참여한 수업을 기록하는 항목이다. 이때 단순한 수업 기록을 넘어, 학생 참여형 수업이나 수업과 연계된 수행평가 등 학생 활동이 이루어진 부분을 교사가 관찰하고 기록한 내용을 포함한다. 학업 성취도를 정량적으로만 평가하기에 어려울 뿐만 아니라 학생부종합전형의 평가 취지에도 부합하지 않기 때문에 세특에 기재된 내용을 정성적으로 평가하는 것이다. 세특은 학생이 수업 과정에서 어떤 역할을 했고, 그 역할을 통해 무엇을 성취했는지 구체적인 정보를 확인할 수 있는 자료로 활용된다.

학생부종합전형에서 세부능력 및 특기사항은 다음과 같은 요소를 바탕으로 평가된다.

▶ 학업에 임하는 과정을 통한 학업 태도

▶ 자신의 진로와 연계된 과목에서 드러나는 성취와 탐구 역량

▶ 수업 태도에서 드러나는 성실성과 규칙 준수

따라서 교과 수업 시간에 학습하는 과정에서 학생의 학업적인 소양과 지적 호기심을 발전시키는 모습을 보여 주는 것이 필요하다. 이를 위해서는 토론, 발표, 과제 등으로 다른 학생과 차별화되는 본인의 특성을 드러내려고 노력하는 것이 좋다. 또 노력으로 얻은 지식의 심화와 확장을 표현하고, 이에 따른 성취 수준을 명확히 기재할 수 있어야 한다.

이처럼 세부능력 및 특기사항은 교과 성적만으로 확인할 수 없는 적극적이고 성실한 학습 태도, 제한된 교육 환경을 극복하려는 태도 등을 평가에 반영할 수 있기에 매우 중요하다. 학생들은 최근 많은 대학이 학생부종합전형 평가를 할 때 세부능력 및 특기사항에서 드러나는 학생 개인의 '태도'와 '역량'에 큰 무게를 둔다는 점을 고려할 필요가 있다. '역량'을 중요시하면서도 '태도'는 가볍게 여기거나 간과하는 경우가 있는데, 학생부종합전형에서는 학생 개인의 특성과 학업에 임하는 태도도 매우 중요하게 여긴다는 점을 절대 잊어서 안 된다.

대학에서 말하는 학업 태도는 단순히 수업 참여만을 의미하는 것이 아니다. 학업에 임하는 태도란 수업을 얼마나 열심히 듣느냐에 그치는 것이 아니라, 성취 동기가 분명하고 목표 의식이 뚜렷하여 자발적 학습 의지가 있는지의 여부를 포함한다. 지적인 탐구를 하기 위해서는 장시간 앉아 끈기 있게 공부를 할 수 있는 능력이 필요하고, 성취 동기나 목표 의식 없이는 자기주도적인 학습을 하기 어렵다. 따라서 교과 학습에 충실하게 임하는 것과 더불어 학업에 임하는 좋은 태도를 통해 자신의 성취 동기와 목적의식을 명확하게 보여 주는 것이 필요할 것이다.

태도는 지적 호기심을 해결하는 과정에서 드러나는 탐구에 대한 역량과 의지를 모두 포괄하는 개념이다. 특히 학업 태도가 우수한 학생들은 대학에 진학해서도 그 우수한 태도를 유지하며, 성장할 것이라 기대할 수 있다. 대학이 교과 학습의 과정에서 보이는 학업 태도를 매우 중요하게 평가하는 이유는 태도가 학생의 발전 가능성을 보여 주기 때문이다.

반대로 아무리 공부를 잘하는 학생이라도 수업 시간에 집중하지 못하는 모습을 보였다면 '성취도가 뛰어나다'는 기재는 할 수 있지만 '학업 태도가 훌륭하다'는 기재를 하기는 어렵다. 이 때문에 대학의 입학사정관들은 "태도에 대한 학생부 기재에는 왜곡이 없다"라고 말한다.

또 해당 항목에서 교과 학습으로 얻은 지식을 활용하여 자신의 진로와 관련된 관심이나 고민을 해결할 수 있는 탐구 주제를 선정하고, 그에 따른 성취 과정을 보여 줄 수 있다. 이때 대학의 희망 전공과 관련된 교과 수업에 얼마나 적극적으로 임했는지와 그 역량을 주로 평가하게 된다. 따라서 진로와 연관된 주제를 탐구하기 위해 교과 내용을 얼마나 적극적으로 학습하고 노력했는지를 보여 주며, 배경 지식을 확장하기 위해 주제 탐구와 후속 독서 활동을 유기적으로 잘 드러내는 것이 필요하다.

세특에서 보여 줘야 하는 주된 내용을 정리하면 아래와 같다.

▶ 교수·학습 과정을 통한 학생의 변화와 성장, 자기 성찰
▶ 교육과정 성취기준과 평가 기준에 기반한 학생의 학업 내용 및 성취 수준
▶ 학생 개인별 또는 모둠별 활동 중 보여 준 태도, 학습 참여도, 역량
▶ 학생의 교과 흥미나 관심 분야, 적성이나 진로
▶ 학생에게 관찰된 의미 있는 요소

2) 세부능력 및 특기사항 기재 예시

(1) 잘못된 사례

에너지 관련 주제로 영상이 삽입된 PPT를 제작하고 발표하였음. 구성이 알찼으며 자신감 있게 발표하였음. 교사의 강의를 집중력 있게 경청하였으며 활동지 작성에도 적극적인 자세로 임하였음. 학습지를 꾸준하게 작성하고 관리하는 모습이 인상적이었음.

주제 탐구 활동을 통해 경제와 경영의 차이점, 경영 전문가가 경제를 알아야 하는 이유에 대해 다양한 자료를 탐색한 후 자신의 생각을 정리하였음. 이 과정에서 경영과 경제에서 수학의 필요성 및 중요성을 미적분의 관점에서 분석했다는 점이 인상적이었음.

한국 전쟁을 소재로 전쟁 속에 비극적으로 사라져 간 사랑 이야기를 다룬 소설 《등신불, 까치소리》(김동리, 민음사)에 깊이 공감하였으며 긍정적이라 생각한 까치의 울음소리를 비극적인 소리로 해석한 작가의 생각에 감탄하는 모습을 보임.

위의 세 가지 사례처럼 학업에 임하는 태도나 학습 내용을 나열하는 기재 방식은 개인의 역량을 제대로 파악하기 어려우므로 지양해야 한다. 또 타 과목과의 연계, 주제 탐구, 독서 활동 등과 연결된 탐구 활동 내용을 구체적으로 제시해야 새로 습득한 지식의 정도를 확인할 수 있다. 세 번째 예시와 같이 탐구 내용을 기재하더라도 보고서 내용이 단순하게 서술되면 학생의 역량을 확인할 수 없다.

(2) 우수 사례

인구 변화와 지역 균형 발전을 주제로 된 프로젝트를 진행하며 **팀의 리더**로 전반적인 자료 분석 및 해결책 제시에 중심적인 역할을 하였음. 이 과정에서 실제 주민들을 대상으로 인터넷 및 스마트폰으로 **설문조사를 실시**하는 등 현실적인 해결책을 제시하기 위해 노력하는 모습에서 학생의 역량을 살펴볼 수 있었음. 이후 관련 도서를 탐독하며 도시 재생 프로젝트 및 지역 균형 발전 문제에 구체적으로 접근하기 위해 노력하는 등 교과에서 배운 지식을 확장하며 **심화 배경 지식 습득**을 위한 진정성 있는 노력이 돋보였음. 활동 결과를 교내 캠페인 활동으로 이어 나가는 모습에서 전공 분야를 향한 진정성도 느낄 수 있었음.

해당 사례에서는 리더의 역할을 통해 보여 준 공동체 의식, 직접 설문조사를 실시한 적극적인 태도와 자기주도성, 독서를 통한 후속 탐구를 진행해 지식을 확장시킨 노력 등이 구체적으로 기재되었다.

화학1	화학 실험에 관심이 많은 학생으로, 물의 전기 분해 실험에서 꼼꼼하게 과정을 설계하고 능숙한 손동작으로 기구를 다룸. 조원들과 잘 협력하면서도 차분하게 실험을 주도하였으며 실험을 마치고 자발적으로 끝까지 남아 뒷정리를 함. 수소와 산소의 발생비가 2:1과 차이가 난 이유를 충분히 고민하고 원인을 유추하였으며 발생비가 차이가 날 수 있는 다른 실험 조건들도 추가로 조사함. 주기율표 수업 시 원소들의 특징과 용도를 자신이 읽은 《사라진 스푼》(샘 킨 저·이충호 역, 해나무)의 이야기와 연관하여 설명함으로써 급우들이 재미있게 기억할 수 있도록 도와줌. 또 기하이성질체를 설명하면서 수학의 도형의 대칭 이동 개념을 활용하여 과목 간 연계 활용성이 우수함. 화학 소책자 만들기에서 베스킨라빈스 아이스크림에 착안하여 꾸미는 뛰어난 창의성을 가짐.

위 사례는 실험에 필요한 꼼꼼함과 공동체 역량을 구체적으로 기술했고, 실험 이후에 개인적 호기심을 바탕으로 추가 탐구를 진행하면서 독서로 지식을 확장한 과정까지 잘 드러나 있다. 또 지식을 배우는 데 그치지 않고 실생활에 적용해 보려는 노력 등이 구체적으로 기재되어 학생의 역량을 판단하는 데 도움이 되는 우수한

사례다. 중요한 것은 결국 '태도'와 '역량'이 잘 드러나야 한다는 점이다.

추천서를 대신하는
행동특성 및 종합의견

1) 행동특성 및 종합의견의 이해

'행동특성 및 종합의견'은 학교생활기록부에 기재된 각 항목의 자료를 종합하여 학생을 총체적으로 이해할 수 있도록 하는 항목이다. 학급 담임 교사가 1년 동안 관찰한 모습을 바탕으로 작성되기 때문에 학생에 대한 일종의 추천서라고 할 수 있다. 특히 학급 내에서 보여 준 리더십, 타인을 배려하는 태도, 소통 능력을 확인할 수 있는 좋은 자료이며, 학생의 관심 진로가 무엇인지와 그 진로를 잘 이해하기 위해 노력한 정도를 확인할 수 있다. 행동특성 및 종합의견은 1년 동안 관찰된 모습이 기재되는 부분이기 때문에 학생은 학교생활에 충실하며 학급 활동에서 리더십과 공동체 의식을 보여 주기 위해 노력해야 한다.

핵심 역량	학생부종합전형 주요 참고영역-입학사정관			
	1순위	2순위	3순위	4순위
전공 적합성	교과 성적	창체 동아리	교과세특	수상 경력
자기주도성	창체 동아리	**종합의견**	교과세특	교과 성적
성실성	출결 상황	**종합의견**	교과세특	교과 성적
발전 가능성	**종합의견**	교과 성적	창체 동아리	교과세특
도전 정신	창체 동아리	**종합의견**	수상 경력	교과세특
창의성	창체 동아리	봉사 실적	교과세특	수상 경력
공동체 의식	**종합의견**	봉사 실적	창체 봉사	창체 동아리
리더십	**종합의견**	창체 동아리	창체 자율	창체 봉사

표 31. 숭실대학교 학생부종합전형 핵심 역량 평가

　　<표 31>에서 알 수 있는 숭실대학교 연구에 따르면 학생부종합전형평가에서는 발전 가능성, 공동체 의식, 리더십을 판단하는 영역으로 행동특성 및 종합의견을 가장 많이 참고한다. 또 자기주도성, 성실성, 도전 정신을 확인하는 데에도 종합의견이 많이 활용된다는 것을 알 수 있다. 학생부종합전형 미반영 요소가 줄어든 현재 행동특성 및 종합의견은 이전보다 더 중요한 평가 영역으로 자리 잡았다. 따라서 적극적으로 학급 행사와 활동에서 자신의 역할을 잘하는 모습을 보여 자기주도성, 성실성, 도전 정신, 공동체 의식, 리더십 등의 역량이 행동특성 및 종합의견에 잘 기재될 수 있도록 노력해야 한다.

1. 공동체 의식 + 리더십

학생의 학교, 학년, 학급 활동을 점검한 후, 공동체 의식 및 리더십을 평가

2. 성실성

학교생활에서 보이는 학생의 성실성과 봉사 활동 내용을 평가

3. 자기주도성

학생이 교내 활동에서 보인 자기주도적 활동 자기주도적 활용 내용을 평가

4. 도전 정신 + 발전 가능성

학업 수행 과정과 탐구 활동에서 보인 학생이 도전 정신과 발전 가능성을 평가

앞에서 언급한 바와 같이 행동특성 및 종합의견을 잘 활용하려면 특히 네 가지 요소가 잘 드러나야 한다. 공동체 의식과 리더십, 성실성, 자기주도성, 도전 정신과 발전 가능성이 그것이다. 따라서 학생들은 교사들이 학생의 장점을 잘 기재할 수 있도록 학습 활동에 적극적으로 임해야 한다. 학생부종합전형에서는 행동특성 및 종합의견의 평가에서 다음과 같은 요소를 중요하게 생각한다.

▶ 학교생활에서 보여 준 행동 및 인성 등을 통한 공동체 역량

▶ 구체적인 변화와 성장한 모습을 통한 노력과 성취도

▶ 관심 있는 분야를 향한 열정과 노력으로 보여 준 탐구력과 진로 탐색 활동 경험

2) 행동특성 및 종합의견 기재 예시

조용하고 차분하며 행동이 매우 신중하고 조심스러움. **자신의 학급에서 맡은 '역할'**을 변함 없는 자세로 수행하는 성실함이 매우 돋보이는 학생임. **2학기 학급의 '부회장'**으로 학교와 학년, 학급에서 이루어지는 다양한 활동에서 매우 뛰어난 **'리더십'**을 발휘하였음. 학사 일정 공지, 학습 멘토링 등 자신이 담당한 모든 활동에서 특유의 **'섬세함'과 '성실성'**을 보였으며 특히 학급 특색 활동을 기획한 후, 자신의 모둠뿐만 아니라 다른 모둠의 진행 상황을 확인하고 모두가 만족할 수 있는 결과물을 얻을 수 있도록 자신의 탐구 활동과 관련된 노하우를 나누는 모습에서 학생의 **'공동체 의식'과 '리더십'**을 엿볼 수 있었음. 생태 전환 교육의 일환으로 재생에너지에 대해 탐구하고, 수력 발전기를 제작해 보는 프로젝트에 자원하여 적극적으로 활동함. 특히 프로젝트가 잘 진행되지 않을 때 가장 적극적으로 의견을 개진하고, 온라인 회의를 구성하고 자료를 조사해 업로드하는 등 **'과제 집착력 및 탐구 활동'**에서의 **'도전 정신'**이 매우 돋보임. 또 이후 여러 탐구 과정에서 탐구 주제를 **'창의적'**으로 선정하고, 자신의 관심 분야와 관련된 배경 지식을 쌓아 나가며 성장하는 모습이 두드러지게 나타나 앞으로의 **'발전 가능성'**이 크게 기대됨.

위의 예시는 학급에서 보여 준 리더십과 성실성이 구체적으로 드러난 우수한 사례라고 할 수 있다. 또 재생에너지 관련 활동으로 관심 학과에 관련된 탐구를 진행하며 보여 준 도전 정신과 발전가능성 등 행동특성 및 종합의견을 통해 대학이 평가하고자 하는 역량이 구체적으로 기재되어 학생을 판단하는 데 도움이 되는 기재 내용이다.

자기 이해를 기반으로 한 진로 탐색

4
장

꿈이 없어도 지적 탐구를
계속해야 하는 이유

좋은 학교생활기록부는 자신의 관심 분야와 진로를 고려한 독서와 주제 탐구를 통해 심화된 학습과 탐구력을 구체적으로 드러낸다. 따라서 1학년까지는 좀 더 폭넓은 주제를 탐색하며 다양한 책을 읽고 호기심을 갖는 것이 좋지만, 2~3학년부터는 어느 정도 자신의 진로를 고려하여 관련 있는 도서를 읽거나 주제 탐구 활동을 하는 것이 유리하다.

고등학교 시절에 아직 진로를 설정하지 못했거나 꿈이 없는 학생들도 있다. 꿈이 없는 것 자체는 큰 문제가 되지 않는다. 하지만 진로를 정하지 못했다면 꿈을 찾기 위해서라도 고등학교 저학년 때부터 지적 탐구 활동을 계속하는 것이 중요하다. 다양한 탐구 활동을 거쳐 진로를 찾는 과정도 탐구력을 기르는 과정이기 때문이다.

탐구력은 일반적으로 지적 호기심을 바탕으로 어떤 현상을 탐구하거나 문제를 해결하는 능력을 말한다. 즉 주제 탐구를 하기 이전에 필요한 탐구력의 기반은 바로 호기심이다. 호기심을 바탕으로 진로나 학과를 탐색을 해 나가다 보면 이를 통해 꿈이 생기기도 하고, 꿈이 생기고 나서 주제 탐구를 진행해 더욱 심화시킬 수도 있다. 반대로 자신의 전공 분야나 진로 희망 분야를 향한 호기심의 방향성이 없으면 탐구 활동을 제대로 하기 어렵다.

그래서 꿈을 향한 성취 동기와 목표 의식을 갖기 이전에 반드시 선행하면 좋은 활동이 진로 검사를 하거나 대학과 학과를 구체적으로 알아보는 것이다. 진로를 정할 때 인문 쪽에서 두각을 보이면 경제경영을 선택하거나 자연과학 쪽에서는 의예과를 선택하는 것을 당연시하는 경우가 있다. 이미 지망 학과를 정했는데 왜 진로 탐색을 해야 하는지 의아해하는 학부모들도 있다. 그런데 막상 진로 탐색을 통해 학과에서 배우는 세부적인 내용을 자세히 들여다보면 자신이 원하는 진로가 아니라는 사실을 깨닫는 경우가 많고, 학과에 대한 명확한 이해 없이 제대로 된 주제 탐구를 해 나가는 것은 불가능하기 때문에 학과를 구체적으로 탐색하는 것은 매우 중요하다.

진로 검사를 받는다고 해서 당장 꿈이 생기는 것은 아니지만 꿈을 찾는 과정을 프로그래밍화하여 도움을 받을 수 있다. 또 원하는 전공이 생겼을 때 해당 학과에서 무엇을 배우는지 진지하게 탐색하는 것은 자연스럽게 입시 준비로도 이어진다. 학생부종합전형은 궁극적으로 대학에 와서 공부할 준비가 된 학생을 선발하는 전형이다. 예를 들어 화학과를 지망한다면 화학이 어떤 학문인지 고등학교 수준에서 충분히 이해하고 활동에 임해야 한다. 유기화학, 무기화학, 생화학, 물리화학 등 학과의 성격을 이해하며 독서를 하고, 주제 탐구를 한 학생과 그렇지 않은 학생의 역량은 차이가 크게 날 수밖에 없다. 학문의 본질을 간과하면 학생부종합전형에 지원하더라도 자신의 관심과 동기, 역량 등을 제대로 어필하기 어렵다.

진로에 대해 깊이 있는 탐색을 거치다 보면 자신의 적성을 발견하는 기회가 될 수 있고, 어떤 분야에 관심이 생겼을 때 깊이 있게 접근하고 사고하는 방법을 미리 배우기도 한다. 관심 있는 분야를 향한 호기심을 바탕으로 탐구하면서 자연스럽게 다른 분야까지 호기심을 확장하거나 연계할 수도 있다. 그 과정에서 여러 가지 이유로 희망하는 전공 분야나 꿈이 바뀔 수 있는데, 기존에 주제를 찾고 탐구하는 방법을 익혀 두었다면 같은 방법으로 새로운 분야에 집중하면 된다. 대학에서도 꿈이 바뀌는 것을 부정적으로 바라보지 않는다. 오히려 꿈을 찾기 위한 과정이 구체적으로 드러나는 것이 더 긍정적인 평가를 받을 수 있다.

실제로 주요 대학의 입장을 살펴봐도 진로 변경을 자연스러운 과정으로 본다는 관점을 분명히 한다는 것을 알 수 있다. 고려대학교에서는 학생들이 고등학교 기간 동안 지적 관심과 진로를 향한 흥미가 변할 수 있다는 점을 이해하며, 진로 변경이 일관성 있게 이루어질 경우 부정적으로 평가하지 않는다고 밝혔다. 이때 중요한 것은 기존에 가졌던 관심 주제와 새로운 진로가 자연스럽게 연결되는 것이다.

연세대학교도 "고등학교 기간 동안 다양한 경험을 통해 자신의 흥미와 적성을 발견하고 이에 따라 진로를 변경하는 것을 자연스러운 과정으로 보고 있으므로 진로 희망 변경으로 인한 평가 불이익은 없다"고 말했다.

또 경희대학교는 한발 더 나아가 "변경된 계기와 이를 위한 준비 과정에서 학생에게 어떤 변화와 성장이 있었는가"에 주목한다고 했다. 단순히 변경 여부가 중요한 것이 아니라, 그 과정에서 진지한 자세로 자신의 진로를 탐구하는 자세가 더욱 중요하다는 것이다. 자기 이해를 바탕으로 한 진정성 있는 진로 탐색은 대학이 가장 원하는 학생의 모습이며, 실제 자신의 미래를 그려 본다는 점에서도 매우 중요한 의미를 갖는다.

이처럼 진로에 대한 진정성 있는 탐색을 바탕으로 성취 동기와 목적의식이 뚜렷해지면 실패해도 쉽게 좌절하지 않고 다시 도전하는 회복 탄력성이 자연스럽게 발달한다. 그래서 진로를 설계하는 것은 단순히 꿈을 찾아가는 과정일 뿐 아니라 지속적인 탐구력을 키우기 위한 전제가 될 수 있는 것이다.

당장은 코앞의 입시가 넘어야 할 큰 산처럼 느껴질 수 있지만, 입시는 결국 자신의 진로를 향해 한발 한발 걸어가기 위한 하나의 관문이다. 대학뿐 아니라 이후의 삶 속에서 새로운 기술을 배우고 변화에 적응하며 유연하게 대처하기 위해서도 지적 탐구를 통해 진로를 설계해 보는 과정은 꼭 필요한 훈련이 될 것이다.

진로 설계를 위한 자기 이해

    고등학교 3년은 생각보다 빠르게 지나간다. 이 시간을 의미 있게 보내기 위해서는 체계적인 계획이 필요한데, 그 출발점은 무엇보다 자신에 대한 정확한 이해다. 단순히 성격이나 흥미를 아는 것을 넘어, 진로 검사를 활용해 자신의 적성과 특성을 파악하는 것은 성공적인 고등학교 생활을 위한 첫걸음이라고 할 수 있다. 특히 학생부종합전형을 준비하는 학생이라면 진로 검사의 중요성은 더욱 크다. 이를 통해 학업 계획과 비교과 활동을 더욱 체계적으로 설계할 수 있기 때문이다.

    진로 검사는 학생부종합전형의 핵심 평가 요소인 진로 역량(전공 적합성, 계열 적합성)을 보여 주는 활동의 기초가 된다. 자신이 어떤 진로를 택할지 모르는 상태에서 의미 있는 활동을 하기 어렵기 때문에 진로 검사로 자신의 관심 분야를 명확하게 한 뒤, 이에 맞는 활동을 차곡차곡 준비하는 것이 효과적이다.

또 진로 검사는 효율적인 학교생활을 위한 나침반 역할을 해 주기도 한다. 고등학교에서는 주제 탐구 활동, 독서 활동, 캠프, 과목별 수행평가 등 다양한 활동이 펼쳐진다. 진로가 정해지지 않은 상태에서 이러한 활동들을 무작정 시작하면 시간과 에너지가 분산될 수밖에 없다. 진로 검사를 통해 자신의 방향을 정하고 나면 핵심적인 활동에 집중할 수 있어 시간 관리가 훨씬 수월해진다.

현재 학교생활기록부에서 진로 희망 분야는 대입에 직접 반영되지 않지만, 창의적 체험 활동이나 교과 세부능력 및 특기사항 등으로 진로 관련 활동이 자연스럽게 기록된다. 또 대학에서는 이러한 기록에서 드러나는 학생의 성장 과정을 평가한다. 결국 학생부종합전형을 준비하기 위해 진로 탐색은 선택이 아니라 필수다. 무계획적인 활동이나 산발적인 경험보다 진로와 연계된 일관성 있는 활동이 훨씬 더 의미 있게 평가받기 때문이다.

진로 검사는 다양한 사이트에서 할 수 있다. 일단 그에 앞서 아래 질문지를 통해 자기 자신을 돌아보고 진로 탐색을 위한 주요 키워드를 작성해 보자.

1) 내 꿈은 어떻게 변했을까?

- 초등학교 시절부터 지금까지 내 꿈이 어떻게 변했는지 생각해 보
  고 변경된 이유를 적어 보자.

시기	나는 ○○○이 될 거야(꿈)	왜?	변경한 이유는?
초등학교 1~3학년			
초등학교 4~6학년			
중학교 1~3학년			
고등학교 1학년			

- 내가 꿈을 정할 때 고려한 주요 요인에 O를 해 보자.

직업 안정성, 경제적 보상, 성취감, 변화 지향, 영향력 발휘, 지식 추구, 애국, 봉사, 자율, 인정과 존경, 실내 활동(사무 직업), 부모님 희망, 혼자 일하는 것, 주변의 추천, 몸과 마음의 여유, 영상 매체(TV, 유튜브 등)의 영향, 직업 전망, 기타

2) 자기 이해를 위한 질문지

자기 이해를 위한 질문지는 자신의 성향, 흥미, 가치관 등을 깊이 있게 탐구하여 진로 선택이나 개인적 성장을 돕는다. 각 질문에 대한 서술로 자신을 더 잘 이해하고, 미래의 방향성을 설정하는 데 도움이 될 수 있다.

▷ 나는 어떤 사람이 되고 싶은가? 롤 모델은?

▷ 내가 가장 재미있게 하는 일은 무엇인가?

▷ 내가 가장 흥미를 느끼지 않는 일은 무엇인가?

▷ 내가 가장 좋아하는 과목은 무엇인가?

▷ 요즘 가장 관심이 있는 일(주제)은 무엇인가?

▷ 나는 어떤 라이프 스타일을 추구하는가?

▷ 나의 흥미나 라이프 스타일에 맞는 직업은 무엇인가?

▷ 나를 한마디로 정의한다면?

▷ 다른 사람이 생각하는 나는 어떤 사람인가?

▷ 나를 색깔에 비유한다면? 소설이나 영화, 드라마, 예능 프로그램의 나와 닮은 캐릭터는? 그 이유는 무엇인가?

▷ 관심 분야, 취미와 특기, 장단점은?

---

3) 직업(진로) 탐색을 위한 질문지

직업(진로) 탐색을 위한 질문지는 자신의 가치관, 흥미, 적성 등을 깊이 있게 탐구하여 적합한 직업을 찾는 데 도움을 주는 도구이다. 각 질문에 대한 서술로 자신이 어떤 직업을 선택해야 할지 명확히 알 수 있다.

▶ 일은 왜 해야 하는가?

▶ 직업 선택에서 연봉, 흥미와 적성, 전망, 안정성 가운데 내가 가장 중요하게 생각하는 항목은 무엇인가?

▶ 내가 직업을 선택한 기준은 무엇인가?

▶ 내가 중요하게 생각하는 가치관과 내가 희망하는 직업과의 연관성은?

▶ 나의 흥미와 적성에 맞으면서 미래에 지속가능할 직업은 무엇이 있는가?

▶ 내가 꿈꾸는 직업이 미래에는 어떤 모습으로 변화할까?

▶ 자격 조건 및 구직 절차는?(학력, 기술, 자격증, 경험, 입사 과정 등)

▶ 업무 수행에 가장 필요한 역량은? 특별히 필요한 것은?

▶ 직업의 특성은? - 직업 환경(근무 시간, 복지, 사무실 환경, 여가 및 휴가, 보수 등), 장점 및 매력, 단점 및 힘든 점

진로 검사의 종류

자기 이해와 진로 탐색을 위한 질문지를 작성해 봤다면, 진로 검사 사이트를 이용하여 결과를 비교·분석해 보자. 그리고 이를 참고하여 약 세 가지 정도의 희망 전공과 우선순위를 꼽아 보자.

(1) 커리어넷과 아로플러스

많은 학생이 자신이 잘하는 것, 좋아하는 것, 중요하게 생각하는 것을 아직 잘 모른다. 이런 학생들의 진로 고민을 덜어 줄 수 있는 사이트가 커리어넷이다. 커리어넷은 한국직업능력연구원에서 운영하는 국가 공식 진로 정보망이다. 학생들의 진로 탐색을 돕기 위해 다양한 진로 심리 검사와 직업·학과 정보를 제공한다.

특히 아로플러스 진로 검사는 청소년들이 자신의 진로를 탐색하는 데 도움을 주고자 만들어진 온라인 프로그램으로 학생들의 흥미, 성격, 가치관을 종합적으로 분석해 자신을 더욱 잘 이해할 수 있도록 돕는다. 아직 관심 있는 직업이 없다면 '자기 이해를 통해 진로 탐색하기' 검사를 진행하고, 관심 있는 직업이 있다면 '관심 직업을 통해 진로 탐색하기'를 선택하여 검사를 진행해 보기를 추천한다.

직업 적성 검사, 직업 흥미 검사(K), 직업 가치관 검사, 과목별 성취 및 흥미 검사까지 진행하고 나면 최종적으로 종합 검사 결과표를 받을 수 있다. 다만 검사 결과를 활용할 때 주의할 점은 검사 결과를 그대로 믿고 따르는 것이 아니라 이를 참고삼아 자신을 돌아보고 이해하는 기회로 삼아야 한다는 것이다.

(2) 고용24(구 워크넷)

고용24는 직업 심리 검사, 직업 및 학과 정보, 진로 상담 등을 제공하는 사이트다. 1998년에 '워크넷'이라는 이름으로 서비스를 개시했고, 2024년 9월 23일에 '고용24'로 서비스 이름을 변경했다. 청소년 직업 가치관 검사, 청소년 직업 흥미 검사(개정), 흥미로 알아보는 직업 탐색, 진로 준비 진단 검사, 직업 흥미 탐색 검사(간편형) 등을 바로 실시할 수 있다.

(3) 서울진로진학정보센터

서울진로진학정보센터는 서울특별시교육청에서 운영하는 기관으로, 학생들의 진로와 진학을 체계적으로 지원하기 위해 설립되었다. 학생들이 자신의 적성과 소질을 발견하고, 이를 바탕으로 진로를 설계할 수 있도록 다양한 서비스를 제공한다. 해당 홈페이지에서는 서울시 소재의 초·중·고등학교 재학생(졸업생 포함), 검정고시생에 한해서 성격 유형 검사, 직업 흥미 검사, 다중 지능 검사, 직업 가치관 검사 등의 진로 검사를 할 수 있다.

(4) 어디가

교육부와 한국대학교육협의회에서 운영하는 대입 정보 포털로, 대학 입학을 준비하는 학생들에게 필요한 정보를 다양하게 제공한다. 대학과 학과, 전형 정보를 쉽게 찾아 비교할 수 있으며 진로 검사도 진행할 수 있다. '고용24'와 '커리어넷' 사이트에 각각 접속하여 검사를 할 수도 있지만 '어디가'에서 검사를 진행하면 직업 심리 검사 이력에 검사 일자와 결과 등이 누적된다는 것이 장점이다.

(5) 앱티핏(Aptifit)

앱티핏은 서울대학교 기술지주 자회사인 ㈜앱티마이저가 개발하고 보급한 인공지능을 활용한 개인 맞춤형 적성 진단 검사다. 135개 대학 학과 중에서 개인의 적성에 맞는 학과를 20분 내에 찾아 주며, 흥미, 역량, 가치, 개인 특성, 지식의 5대 적성 요소를 기반으로 학과 추천을 제공한다. 구글, 넷플릭스와 동일한 최첨단 추천 알고리즘 기술을 활용한 인공지능 신경망 딥러닝 알고리즘을 이용하여 300만 개의 데이터베이스를 기반으로 학생의 적성을 분석하고 예측하는 서비스다.

진로 탐색 보고서 활동지

1. 자기 이해 체크리스트 키워드

2. 진로(직업) 탐색 체크리스트 키워드

3. 진로 검사 결과 비교 분석(커리어넷 아로플러스 등)

4. 희망 전공학과 우선순위

1순위 (   )

2순위 (   )

3순위 (   )

대학 및 학과에서 희망 계열 탐색하기

1) 희망 계열(학과) 찾기

아래 <표 32>를 보고 관심 있는 계열과 학과를 살펴보자.

대분류	중계열	소계열	소계열(학과)
인문	인문	어문학	어문학, 어학, 언어학, 문예창작
		인문학	철학, 역사, 신학, 종교학, 미학, 고고미술사
		사회과학	사회학, 지리학, 인류학, 심리학, 사회복지학, 지역개발학, 신문방송학, 문헌정보학
	사회	법정	법학, 정치외교학, 행정학
		경상	경제학, 경영학, 통계학, 무역학, 정보학
자연	자연	이학	수학, 물리학, 생물학, 화학, 지구과학, 환경학, 전산통계학, 우주과학
		가정	가정관리학, 의류학, 식품영양학

대분류	중계열	소계열	소계열(학과)
자연	자연	공학	건축공학, 기계공학, 산업공학, 섬유공학, 원자핵공학, 유전공학, 자원공학, 재료공학, 전기공학, 전자공학, 토목공학, 조선공학, 항공공학
		농림학	농학, 농산가공, 임학, 축산학, 원예학, 조경학
		해양수산	해양학, 수산학
	의학	의학	의학, 간호학, 보건학, 한의학
		약학	약학, 제약학
예체능	예체능	음악	음악학, 작곡, 기악, 성악, 국악
		미술	미술학, 화학, 디자인, 조소, 공예, 응용미술
		체육	체육학, 무용학
		기타	연극영화, 사진
사범	사범	어문교육	교육학, 어문교육, 사회교육, 종교교육, 특수교육, 유아교육, 초등교육
		자연교육	수학교육, 과학교육, 실업교육, 가정교육
		예체능교육	음악교육, 미술교육, 체육교육

표 32. 계열별 학과 분류표

- 내가 희망하는 계열(학과) 3개를 우선순위대로 적어 보자.

순위	중계열	소계열	학과
1			
2			
3			

- 희망하는 계열(학과)이 없다면 왜 그런지 생각해 보자.

▶ 희망 직업을 결정하지 못했다면?

→ 직업 심리 검사 결과를 자세히 읽어 보고 추천 직업을 살펴보자.

▶ 기타 이유

2) 희망 대학 및 학과(전공) 정보 탐색

(1) '어디가'를 통한 학과 탐색

희망 대학 및 학과(전공) 정보를 탐색하려면 '어디가'를 이용하는 것이 좋다.

① 어디가 메뉴 중 대학/학과/전형에서 학과 정보를 선택한다.
② 학과 검색창에 원하는 학과 키워드를 입력하면 관련 학과가 개설된 전국의 모든 대학을 검색할 수 있다.
③ 적용 필터를 클릭하면 학과 특성, 취업률, 주·야간 구분, 지역으로 구분하여 검색 범위를 지정할 수 있다.
④ 검색된 학과 중 관심 있는 대학의 학과(전공)를 선택하여 학과 소개와 전형 정보를 확인한다.

– 학과(전공) 탐색 결과 정리하기
　▶ 내가 찾아본 학과(전공)은 무엇이었는가?
　▶ 찾아본 학과(전공) 중 내가 관심 있는 기준으로 하여 순위를 매겨 보자.

	1순위	2순위	3순위
관심 학과			
개설 대학			

- 학과(전공) 탐색 결과를 정리해 보자.

	1순위	2순위	3순위
관심 학과			
탐색 이유			
학과(전공) 소개			
진로 취업 분야 (관련 직업)			
더 알아본 정보 (고등학교 관련 과목)			

- 학과(전공) 탐색을 하여 새롭게 알게 된 점이나 느낀 점을 적어 보자.

(2) 대학 입학처를 통한 학과 탐색

대학 입학처 홈페이지로 진로를 탐색하는 방법도 있다. 최근 대학 입학처는 전공과 관련해서 매우 상세하게 안내한다. 대학 입학처의 동영상 강의에서 각 학과 교수님의 강의도 볼 수 있고, 전공 가이드북도 제공하기 때문에 입학처를 이용한다면 학과 정보를 쉽게 얻을 수 있다.

전공 학과 탐색 보고서 활동지

1. 진로 희망(자신의 희망 전공 학과)

2. 진로 동기(학과 선택의 이유)

3. 동영상 강의 요약 (고려대 인재발굴처 : 1. 대학전공-전공안내, 2. 입학자료실-동영상 강의)

4. 추가 자료 조사를 통한 전공 분야 소개(전공 안내서, 진로진학웹사이트, 검색 등)

진로 전공 활동 계획서

1. 자기 이해(자기 소개)

2. 진로 희망(희망 전공 학과)

3. 진로 동기(학과 선택 이유)

4. 자질, 역량 분석

5. 진로 전공 활동 계획 (학업 역량 / 전공 역량 / 인성)

- 분야별로 나누어서 자세히 기술
- 교과학습, 교과 활동, 과제 연구(탐구 활동), 전공-연구(TED/MOOC), 독서, 교내 대회,
  창체 활동(자율, 동아리, 봉사, 진로) 등

위와 같은 경로로 정보를 찾아본 뒤 자신이 관심 있는 학과와 해당 학과 개설 대학의 우선순위를 3순위까지 매겨 보며 구체화한다. 그리고 학과 선택의 이유, 학과(전공) 소개, 진로 취업 분야, 고등학교에서 이수하면 좋은 교과목 등의 탐색 결과를 정리해 보는 것이 좋다.

실제로 진로 탐색 후 희망 학과를 정하고 보고서를 정리한 학생들의 사례를 살펴보면, 보통 여러 진로 검사를 진행한 뒤 검사 결과에 가장 많이 등장한 키워드를 먼저 제시한다. 검사 결과 다음으로 이 학과를 꿈꾸게 된 동기를 다룬 내용이 나온다. 진로 검사 결과와 자신의 이야기를 연계하여 자신의 적성이 해당 학과에 잘 맞는다는 점을 제시하는 것이다. 진로 검사 결과뿐 아니라 평소 자신이 관심 있게 보았던 영상이나 책도 동기가 될 수 있다.

그리고 자신이 가고자 하는 학과에 대한 이해가 필요하므로 각 학과에서 무엇을 배우는지, 세부 전공은 무엇인지, 졸업 후 어떤 진로를 가지게 되는지를 조사하여 정리한다. 원하는 학과에 진학하기 위해 어떤 책을 읽고 싶은지도 추가해 보면 좋다.

TED/MOOC 활용하는 방법

    TED는 미국의 비영리 재단에서 운영하는 강연 프로그램이다. MOOC는 '대규모 온라인 공개 수업(Massive Open Online Course)'의 약자로, 국내외 대학의 수업을 온라인으로 무료 수강할 수 있다. 이 두 프로그램은 학생들의 진로 탐색과 심화 학습에 유용하게 활용 가능하다.

    TED의 경우 홈페이지(ted.com)에서 주제별로 분류된 동영상을 시청할 수 있으며, 특히 1학년 학생들이 다양한 분야의 진로를 탐색할 때 활용하기를 추천한다. 강연 시간이 짧고, 전문적이거나 어려운 내용보다 각 분야의 흥미로운 쟁점과 연구 동향을 다루기 때문이다. 언어적 측면에서도 접근성이 높아 영어에 능숙한 학생은 영어 강좌를, 그렇지 않은 학생은 한국어 자막으로 쉽게 학습할 수 있다. 자막이 필요하다면 한국어로 설정하면 된다.

MOOC는 진로 방향이 어느 정도 정해진 2학년 학생들이 교과 내용을 심화하거나 전공 분야의 배경 지식을 넓히는 데 효과적이다. 물론 두 프로그램 모두 학년에 관계 없이 동시에 활용할 수 있으나 전공 분야와 더 밀접한 프로그램이 MOOC라고 보면 된다.

대분류	소계열	소계열(학과)
국내	서울대학교	snuon.snu.ac.kr 접속, 구글 플레이 -"SNUON" 다운로드
	전국대학 (통합)	kocw.net
	K-MOOC	kmooc.kr
	KOCW	kocw.net
국외	외국대학교(통합)	coursera.org
	외국대학교(통합)	edxonline.org
	외국대학교(통합)	udacity.com
	외국대학교(통합)	khanacademy.org
	외국대학교(통합)	futurelearn.com

표 33. 대학별 MOOC 홈페이지

1) TED/MOOC 활용 방법

TED, MOOC 강좌를 효과적으로 활용하는 방법은 다음과 같다.

① 강의 선택: 희망 전공과 관련된 강의를 검색하고 선택한다.

② 내용 요약: 중요한 내용들을 메모하며 강의를 듣고, 내용을 요약한다.

③ 보고서 작성: 전체 강의를 요약한 보고서와 추가 자료 조사를 통해 보고서를 작성한다.

④ 토의/토론: 전공 분야가 같은 학생들과 함께 내용을 발표하고, 토의/토론한다.

⑤ 최종 보고서 작성: 토의/토론 내용을 반영하여 최종 보고서를 작성한다.

먼저 강좌를 선택할 때 학년별 학습 수준을 고려해야 한다. 1학년 때는 전공과 관련된 다양한 기초 강의를 듣고, 2, 3학년에는 점차 세부적이고 심화된 전공 강의를 선택하는 것이 좋다. 이를 통해 교과 수업에서 다루는 내용을 바탕으로 심화 학습을 진행할 수 있으며, 자기주도적 탐구의 근거로 활용할 수 있다.

TED와 MOOC 강좌는 혼자 학습할 때보다 교과 수업이나 자율 동아리 활동을 통해 같은 전공에 관심이 있는 학생들과 함께 학습할 때 더 효과적이다. 예를 들어 총 6강으로 구성된 MOOC 강의를 조별로 나누어 학습한 후, 발표와 질의응답 활동으로 내용을 공유하고 최종 보고서를 함께 작성하면 학습 부담을 줄이는 동시에 발표 능력도 향상시킬 수 있다.

보고서를 작성할 때는 충분한 추가 자료 조사도 필요하다. 포털 사이트를 활용하거나 디비피아(DBpia), RISS와 같은 논문 검색 사이트를 이용하면 심화 자료를 쉽게 찾을 수 있다. 관련 신문 기사나 전문 자료를 검색하는 것도 좋은 방법이다.

이와 같이 강좌 프로그램을 통해 진로와 전공 분야의 탐구를 이어 가며 심화된 배경 지식을 쌓으면 교과 수업이나 창체 활동에서 자신의 역량을 효과적으로 발휘하는 데 좋은 자산이 될 수 있다. 강좌 수강 후에는 정해진 양식에 따라 보고서를 작성해 보는 것도 학교생활기록부나 면접 준비에도 큰 도움이 될 것이다. TED와 MOOC 강의 수강, 논문 읽기 자체는 학생의 역량을 보여 주는 것이 아니라 활용할 수 있는 수단 중 하나이기 때문에 학교생활기록부에 기재할 수 없다. 하지만 TED와 MOOC, 학술 자료를 읽으며 자신이 관심 있는 주제를 탐구하는 것은 충분히 의미 있는 활동으로써 학교생활기록부에 기재할 수 있다.

TED 강의 보고서 활동지

1. 수강한 TED 강의 목록 : 제목 / 강연자 / 검색 키워드(3강좌 이상 필수 수강)

1.
2.
3.

2. TED 강의 내용 메모 / 요약

3. 수강 강좌와 관련한 이슈 및 추가 자료 조사(DBpia, RISS, 신문 기사, 유튜브 등)

4. 수강한 TED 강의 내용이 본인에게 준 영향(배우고 느낀 점)

5. 향후 계획(수강할 TED 강의 추가 검색)

전공심화 MOOC 강의 보고서 활동지

1. 해당 전공 분야에 관심을 갖게 된 계기, 강의 수강 동기

2. 수강한 전공 강의 내용 요약 / 메모

3. 수강 강좌와 관련한 이슈 및 추가 자료 조사(DBpia, RISS, 신문 기사, 유튜브 등)

4. 수강한 전공 강의 내용이 본인에게 준 영향(배우고 느낀 점)

5. 향후 계획(전공 분야의 MOOC강좌 추가 검색)

2) TED/MOOC 활동 PPT 예시

사회과학계열

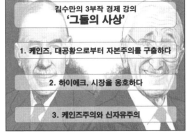

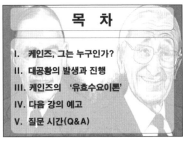
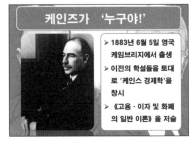

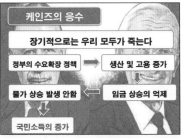

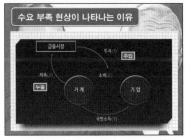

이공계열

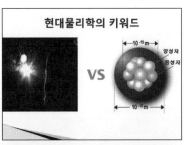

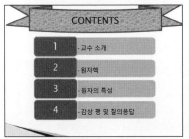

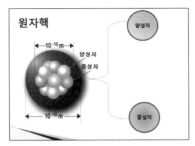

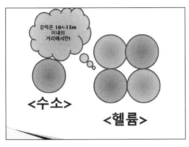

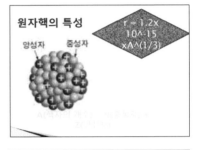

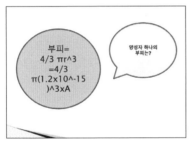

결합 E

질량 차 : 0.0503x10^-27
질량 차이의 정지 질량 값 : 28.3MeV
평균결합 E = 4.71MeV

진로 전공 TED 보고서/발표 대회

1. 자기 이해(자기 소개)

2. 진로 희망(희망 전공 학과)

3. 진로 동기(학과 선택 이유)

4. 자질, 역량 분석

5. 준비와 노력(교내 활동 중심) - SWOT분석, 학교생활기록부 분석(별도 양식)

6. 진로 전공 보고서 개요 작성(진로 전공 관련 활동 계획까지 포함)

7. 보고서 작성 _진로 전공 TED 발표 사례

자기 소개, 진로 선택 동기, (핵심) 고등학교 재학 기간 중 진로-전공에 기울인 노력과 배우고 느낀 점, 학업 계획 및 진로(사회 진출) 계획, 학교 생활 중 배려, 나눔, 협력, 갈등 관리 등을 실천한 사례

제5회 충무로단편영화제 6

대한민국 청소년 영화인들과 소통하다
제 5회 충무로단편영화제 청소년 부문 본선에 진출하여 은상을 수상.
달성희망영소 영화전시관에서 작고 영화인들을 추모하고,
떠오르는 청소년 영화인들과 뜻 깊은 시간을 가졌다.

지적장애인들과 영화를 제작하다 7

사회현실의 차가운 벽에 서다
경험과 기회가 결여된 또래 지적장애 친구들에게 꿈을 선물하고자
그들과 함께 영화를 제작하자는 프로젝트를 세웠다.
원하는 장면이 뜻대로 나오지 않아, 같은 씬을 몇 번이고 찍기도 하였다.

세상을 바꾸는 부드러운 힘 8

고레에다 히로카즈 (是枝裕和)
-제32회 밴쿠버국제영화제 로저스 관객상
-2013년 칸영화제 심사위원상

걷는 듯 천천히 대중들에게 다가간다
다소 무거운 가족문제에 직면한 이들을
담담하게 그려내며
따뜻한 위로와 격려를 건네는 한편
이들을 억누르는 사회에는 냉소적인 비판을 가한다.

세상을 바꾸는 시선을 지닌 영화감독 9

때로는 사회를 바꿀 수 있는 희망을
때로는 관객들이 쉬어갈 수 있는 한 그루 나무 그늘 같은 편안함을

탐구력 신장을 위한
주제 탐구 활동

5
장

새로운 대입에서
학생의 성장을 보여 주는 방법

　　앞서 계속 강조했지만 입학사정관 평가에서 만족스러운 결과를 받는 학교생활기록부의 특징을 한 가지 꼽자면, 독서 기록이 충실하고 주제 탐구를 잘했다는 점이다. 즉 고등학교 3년 동안 전공에 맞게 자기 관심사를 보여 주는 지식 심화와 탐구 활동을 하면 된다는 뜻이다. 지금의 학생부종합전형에서는 독서와 주제 탐구만 잘하면 경쟁력 있는 학교생활기록부를 만드는 게 크게 어렵지 않다.

　　과거에는 주제 탐구 활동이 주로 R&E 활동으로 진행되었다. R&E(Research & Education)는 각 학교마다 과제 연구, 자율 연구, 창의 연구, 소논문 등 다양한 명칭으로 불리는 연구 활동을 의미한다. 이는 학생들이 스스로 연구 주제를 선정하고, 대학 교수나 연구원의 도움을 받아 실험과 연구를 수행한 뒤 심도 있는 논문을 작성하는 방식이었다.

기존의 소논문 쓰기(논문 R&E) 활동은 주로 외고와 과학고 학생들이 대학 수준 이상의 소논문 쓰기를 수행하던 형태로 진행되었다가 학생부종합전형 대비를 위해 점차 일반고로 확장되었다. 하지만 지나치게 어려운 내용으로 고등학교 수준 이상의 전공 지식을 다루는 경우가 많다 보니 교육 현장에서 현실성에 대한 근본적인 의문이 제기되었다. 연구 활동의 형식이 대학 학사나 석사 논문 양식을 그대로 따르면서, 학생들이 자신의 이해도를 드러내기보다 고등학교 수준을 벗어난 전문 지식을 과시하는 경향이 나타나게 되었기 때문이다.

최근 대입 제도 공정성 강화 방안이 발표된 이후, 주제 탐구의 성격은 과거와 크게 달라졌다. 모든 전형의 평가가 교육과정에 근거하여 이루어지게 되면서 주제 탐구에 대한 평가는 교육과정에 근거한 지식과 탐구 과정에서 드러나는 학생의 동기, 노력, 성장 과정을 종합적으로 바라보는 것으로 관점이 바뀌었다. 학생의 동기, 노력, 성장 과정을 종합적으로 평가하게 되었으며, 학생의 학습 과정과 성장을 보여 주는 기록으로써의 역할이 커진 것이다.

1) 대입의 변화에 따른 창체의 세특화

2028 대입의 큰 변화 중 하나는 학생부종합전형 평가 자료인 학교생활기록부에서 평가할 부분이 점차 줄어드는 추세라는 점이다. 이에 어떤 활동을 통해 학생의 역량을 보여 줄 것인가에 대한 고민

은 더욱 커졌다. 학교생활기록부의 평가 범위가 축소되었다는 것은 평가 항목 각각의 중요성이 더욱 높아졌다는 뜻이기도 하다. 따라서 미반영 요소에 집중하기보다 창의적 체험 활동 및 교과 세부 특기사항, 행동특성 및 종합의견으로 학생 개인의 역량을 어떻게 보여 줄 것인가에 더욱 집중할 필요가 있다.

특히 교과 세부 특기사항은 과거부터 현재까지 학생부종합전형에서 평가 활용도가 가장 높은 항목이었다. 학생들이 학교생활을 하면서 가장 많은 시간을 보내는 교과 수업 활동 기록이 평가에 가장 큰 비중을 차지하는 것은 당연한 일이다. 이는 앞으로의 학생부종합전형 평가에서도 마찬가지일 것이다. 다만 일부 변화는, 미반영 요소의 증가와 더불어 교과 활동에 기반한 심화 활동이 이루어지는 창의적 체험 활동의 중요성이 점차 부각되고 있다는 것이다.

최근 창의적 체험 활동은 교과에 기반한 활동이 주제 탐구를 통해 녹아드는 형태로 이루어지는 경우가 많아졌다. 창의적 체험 활동도 정규 교육과정으로 편성된 활동이며, 교과에서 배운 지식을 다양한 활동으로 심화시키는 영역이라는 인식이 생겨났기 때문이다. 따라서 세특에서 관심 있는 영역의 탐색을 한다면, 창체에서는 깊이를 보여 줘야 하는 것이다.

이런 경향을 두고 대학에서는 '창체의 세특화'가 이루어지고 있다고 표현하기도 한다. 즉, 자신의 전공 분야와 밀접한 교과 활동이 창의적 체험 기록으로 확장되어 자율(500자), 진로(700자), 동아리(500자) 활동에 기재되기에 총 1,700자가 마치 진로/전공 분야의 세부 특기사항처럼 보이는 경우가 많아졌다는 것이다. 이러한 현상을 두고 부정적으로 생각하는 사람도 있지만 지나치게 의식적으로 만들어진 기록이 아니라면 교과 활동을 창체 활동에서 연계·심화·확장한 기록을 나쁘게 볼 이유가 없는 것도 사실이다.

결국 하나의 활동을 하더라도 깊이 있게 탐구하는 것이 더욱 중요해진 상황에서, 주제 탐구 활동은 자신이 관심 있는 진로 분야를 심층적으로 탐색하는 활동으로 더욱 주목받고 있다. 그 중요성은 앞으로 대입에서 더욱 강조될 것이다. 지금은 교과 활동을 바탕으로 생긴 호기심을 창의적 체험 활동의 주제 탐구로 더욱 깊이 있게 탐구하는 학생부종합전형 시대라는 점을 분명히 인식하자. 따라서 교과 기반의 주제 탐구 활동을 통해 전공 분야에 대한 지적 호기심과 탐구 역량을 키우기 위해 노력해야 한다.

2) 주제 탐구에서 보여 줘야 하는 핵심 역량은 '탐구력'

학생부종합전형은 지적 호기심을 바탕으로 사물과 현상을 탐구하고, 스스로 문제를 해결하기 위해 노력한 학생을 '창의적 인재'로 평가한다. 이런 탐구 역량은 결국 '아는 지식을 활용하는 방법'과 '모르는 지식을 탐구하는 방법'을 다양한 교내 활동을 통해 경험했는지 평가하는 것이다.

'아는 지식을 활용하는 방법'을 충실하게 익힌 학생들의 학교생활기록부는 자연스럽게 교과에서 생긴 호기심이 창의적 체험 활동으로 이어지는 형태로 기재되는 경우가 많다. 즉, 교과에서 배운 지식이나 호기심을 단순히 넘기지 않고 지식으로 확장하는 과정이 드러나는 것이다. 또 '모르는 지식을 탐구하는 방법'을 충실하게 익힌 학생의 학교생활기록부에서는 지적 호기심을 기반으로 한 자기주도성이 드러난다.

주제 탐구 활동으로 보여 줘야 하는 것은 결국 이 두 가지를 충분히 익혔는지를 나타내는 탐구 역량이다. 따라서 교과 수업을 통해 배운 내용을 바탕으로 자율·진로·동아리 활동에서 심화된 활동들을 충분히 보여 줄 수 있어야 한다. 전반적으로 2학년까지는 전공과 관련된 폭넓은 지식을, 3학년 때에는 세부 전공 분야에 대한 깊이 있는 지식을 탐구하는 모습을 보이는 것이 좋다. 3학년 1학기까지 교과에 기반해 깊고 넓게 심화 탐구 활동을 펼친 경험들이 기록된 학교생활기록부는 좋은 평가를 받을 수밖에 없다.

주제 탐구 역량을 서울 5개 대학의 공동 연구로 나온 평가 요소에 적용해 살펴보면, 결국 주제 탐구 활동은 '탐구력과 진로 탐색 활동 및 경험 측면'에서 평가받게 된다. 탐구력의 핵심은 '지적 호기심을 기반으로 자기주도적인 문제 해결 능력'을 보여 주는 것이다. 학생부종합전형은 결국 기본적으로 중요하게 평가되는 학업 성취도, 학업 태도와 더불어 탐구력을 검증받는 과정이라고 해도 과언이 아니다.

이에 따라 교과에서 가장 기본적인 지식과 원리를 학습한 후, 창의적 체험 활동에서 독서, 토론, 실험 등의 다양한 형태로 그 내용을 심화해 나가는 것이 중요하다. 이러한 연계성이 학생의 우수성을 증명하는 가장 기본적인 요소라고 할 수 있다. 시작이 교과라

평가 요소	평가 항목	정의
학업 역량	학업 성취도	고교 교육과정에서 이수한 교과의 성취 수준이나 학업 발전의 정도
	학업 태도	학업을 수행하고 학습해 나가려는 의지와 노력
	탐구력	지적 호기심을 바탕으로 사물과 현상에 대해 탐구하고, 문제를 해결하려는 노력
진로 역량	전공(계열) 관련 교과 이수 노력	고교 교육과정에서 전공(계열)에 필요한 과목을 선택하여 이수한 정도
	전공(계열) 관련 교과 성취도	전공(계열)에 필요한 과목을 수강하고 취득한 학업 성취 수준
	진로 탐색 활동과 경험	자신의 진로를 탐색하는 과정에서 이루어진 활동이나 경험 및 노력 정도
공동체 역량	협업과 소통 능력	공동체의 목표를 달성하기 위해 협력하고, 합리적인 의사 소통을 할 수 있는 능력
	나눔과 배려	상대방을 존중하고 이해, 원만한 관계 형성, 타인에게 기꺼이 나누어주는 태도, 행동
	성실성과 규칙 준수	책임감을 바탕으로 자신의 의무를 다하고, 공동체의 기본 윤리와 원칙을 준수하는 태도
	리더십	공동체의 목표 달성을 위해 구성원들의 상호작용을 이끌어 가는 능력

표 34. New 학생부종합전형 공통 평가 요소 및 평가 항목

면, 창체에서의 탐구는 다양한 매체와 학술 자료를 통해 지식의 깊이를 더해 가는 과정으로 나아가야 한다.

주제 탐구 활동의
구체적인 과정과 절차

주제 탐구 활동의 구체적인 과정과 절차를 살펴보면 제일 중요한 것은 우선 주제를 선정하는 것이다. 주제를 정하는 것은 대부분 학생들이 가장 어려워하는 부분이지만, 최대한 매력적인 주제를 정하는 것이 탐구 활동의 첫 번째 포인트다. 이때 막연하게 자신이 관심 있는 내용을 주제로 선정하는 것은 지양해야 한다. 충분한 자료 조사나 탐색 없이 선정된 주제이거나 시의성이 너무 높은 주제는 막상 대학에서 바라봤을 때 매력이 없는 주제일 수 있기 때문이다.

주제를 선정한 후에는 심화 탐구 활동을 수행하여 주제 탐구 보고서를 작성해야 한다. 이렇게 완성된 주제 탐구 보고서를 발표하는 과정도 꼭 필요하다. 발표로 내용을 다시 점검하고, 질의응답 등으로 최종 보고서를 수정해야 완성도를 높일 수 있다. 발표로 이어지지 않은 보고서는 오히려 면접 과정에서 부담으로 작용하기도 한다. 지식이 내재화되지 않은 탐구는 의미가 없기 때문에, 지식을 내재화하기 위한 발표 과정은 필수적이라고 할 수 있다.

이 때문에 탐구 과정과 절차는 1) 심화 탐구 주제 선정, 2) 심화 탐구 활동 수행 및 보고서 작성, 3) 주제 탐구 보고서 작성, 4) 발표 PPT 구성 및 개인별(모둠별) 발표로 진행하는 것이 좋다.

제일 중요한 주제 선정 과정을 구체적으로 살펴보자. 좋은 주제를 선정하려면 우선 교과에서 배운 내용을 확인해야 한다. 도서, 신문 기사, 웹 검색, 학과 홈페이지, 전공 안내서 등의 소스를 활용해도 된다.

탐구 주제는 개인적으로 정할 수도 있고, 팀 활동을 통해 모둠에서 정할 수도 있다. 최근 창의적 체험 활동에 기록되는 주제 탐구가 지나치게 개인화됨에 따라 대학들은 모둠 활동을 통해 드러나는 학생의 리더십이나 협업 능력에도 주목하는 추세다. 또 학술적인 내용으로 심화된 탐구를 요구하는 주제 탐구 활동은 처음부터 혼자 수행하기 어려운 경우가 많다. 따라서 주제 탐구 활동은 모둠 활동에서 시작해 개인 활동으로 연계되거나 확장되는 것이 가장 바람직하다.

대학에서는 학생들이 참고할 수 있을 만한 전공 분야의 설명과 가이드를 많이 제공하기 때문에 대학의 전공 과정이나 학생부종합전형 가이드북 등에서 제공하는 세부 전공 분야를 살펴보고 이를 의식하여 주제를 선택하는 것이 좋다.

무엇보다 대학은 학문을 탐구하는 공간이며, 학술적 탐구는 일반화된 지식을 바탕으로 하기 때문에 시의성이 높은 주제보다 일반화된 주제를 선택해야 한다. 코로나19나 러시아·우크라이나 전쟁과 같이 시의성이 높은 주제는 선행 연구 등을 통해 학술적으로 탐구하기보다 충분하지 않은 자료 탐색과 개인적 의견이 반영되는 경우가 많기 때문이다.

실제로 정치외교학과에 지원하는 학생들의 학교생활기록부를 살펴보면 시의성이 높은 주제를 선택하는 사례가 많다. 그게 무조건 나쁜 것은 아니지만, 대학은 시의성 높은 사건을 배우는 것이 아니라 그 학문 분야를 배우는 것이다. 대학은 대학에서 공부할 준비가 잘 되어 있는 학생을 선발하려 한다. 대학에서 공부할 준비가 되어 있는 학생은 자신의 전공 영역에 대한 일반화된 지식을 학문적으로 탐구한 학생이다. 최근의 국제 정세나 정치적 이슈를 표면적으로 다룬 학생보다 홉스나 루소 같은 정치학자들의 책을 읽고 이론을 분석하여 해당 학자들이 현대 민주 정치사에 미친 영향을 공부한 학생이 더 선호될 수밖에 없다는 것이다.

따라서 자신이 전공하고자 하는 영역에 대한 이해를 바탕으로, 그 분야를 향한 호기심을 해결하기 위해 주제를 잡는다고 생각하면 조금 더 적절한 주제를 선택할 수 있다. 각 전공 분야의 대분류에 해당하는 내용은 고등학교 수준에서 배울 수 있기 때문에 대학에서 제공하는 가이드를 바탕으로 구체적인 소분류 주제를 찾아 좁혀 가면 된다.

자신이 관심 있는 주제를 최종 선택할 때는 다양한 학술 사이트를 검색하면서 참고할 만한 자료가 충분한지 확인해야 한다. 매력적인 주제라 하더라도 자료가 충분하지 않으면 탐구가 어렵기 때문이다. 또 신문 기사나 학술 자료로 잘 검색되지 않는 주제는 너무 최신 내용이라 선행 연구가 없거나, 연구할 가치가 없는 경우가 많아 주제로 적합하지 않을 수 있다.

주제를 선정한 뒤 구체적으로 탐구를 진행하는 과정에서 무엇을 어떤 순서로 해야 하는지 몰라 허둥대는 경우가 많다. 일반적으로 탐구 주제를 선정한 뒤에는 주제 선정의 동기와 탐구 목적, 필요성, 탐구 방법 및 과정, 예상되는 탐구 결과 등을 정리하는 과정이 먼저 이루어져야 한다.

탐구 활동에서 가장 중요한 것은 시작이 교과 기반 활동이어야 한다는 것과 자기주도적 문제 해결 능력을 보여 줘야 한다는 것이다. 이를 위해 최대한 다양한 매체를 활용하고, 많은 자료를 수집해야 한다. 결과물도 중요하지만, 여러 자료를 읽으면서 자신이 선정한 주제의 배경 지식을 확장하는 과정이 더 중요하다. 특히 모둠 활동에서 자신의 역할을 정하고, 팀원들과 소통하는 과정도 간과해서는 안 된다. 마지막으로 제한된 시간 안에 결과물을 내야 하기 때문에 최대한 집중력을 발휘해야 한다.

사회나 과학 교과는 배워야 할 지식이나 내용 요소가 매우 구체적으로 제시되어 있으니 주제를 선정하는 단계에서 반드시 참고하도록 하자. 통합사회와 통합과학의 내용 요소로 탐구할 수 있는 주제들은 <표 35~38>에서 살펴볼 수 있다.

구분	내용 요소	
통합적 관점	- 통합적 관점 - 시각적 관점 - 공간적 관점	- 사회적 관점 - 윤리적 관점
인간, 사회, 환경과 행복	행복의 의미	행복의 조건
자연 환경과 인간	- 자연 환경 - 자연관	- 환경문제 - 생태시민
문화와 다양성	- 문화권 - 문화 변동	- 문화 상대주의와 보편윤리 - 다문화 사회
생활공간과 사회	- 산업화와 도시화 - 교통·통신과 과학기술의 발달	- 생활공간과 생활양식 - 지역사회

표 35. 2022개정교육과정 통합사회1 교과서 내용 요소

구분	내용 요소	
인권 보장과 헌법	- 시민혁명 - 인권	- 헌법 - 시민참여
사회 정의와 불평등	- 정의의 실질적 기준 - 정의관	- 사회불평등 - 공간불평등
시장 경제와 지속가능발전	- 시장경제과 합리적 선택 - 경제 주체의 역할	- 국제 분업과 무역 - 금융 생활
세계화와 평화	- 세계화 - 국제분쟁	- 평화 - 세계시민
미래와 지속가능한 삶	- 인구문제 - 자원위기	- 미래 삶의 방향 - 지속가능발전

표 36. 2022개정교육과정 통합사회2 교과서 내용 요소

구분	내용 요소	
과학의 기초	- 기본량과 단위 - 측정과 어림 - 정보와 신호	
물질의 규칙성	- 원소형성 - 별의 진화 - 원소의 주기성	- 이온결합 - 공유결합 - 지각과 생명체 구성 물질의 규칙성 - 물질의 전기적 성질
시스템과 상호작용	- 지구시스템의 구성과 상호작용 - 판구조론과 지각 변동 - 중력장 내의 운동 - 충격량과 운동량	- 생명 시스템의 기본 단위 - 물질대사 - 유전자와 단백질

표 37. 2022개정교육과정 통합과학1 교과서 내용 요소

구분	내용 요소	
과학의 기초	- 지질시대의 생물과 화석 - 지질시대 환경 변화와 대멸종 - 자연선택 - 생물다양성	- 산화와 환원 - 산성과 염기성 - 중화반응 - 물질변화에서 에너지 출입
물질의 규칙성	- 생태계 구성요소 - 생태계 평형 - 대기와 해양의 상호작용 - 온실기체와 지구온난화	- 핵융합 - 발전 - 에너지 전환과 효율
과학과 미래 사회	- 감염병과 병원체 - 인공지능과 과학탐구 - 로봇 - 과학기술과 윤리	

표 38. 2022개정교육과정 통합과학2 교과서 내용 요소

이러한 탐구 주제들은 모두 대학의 학과별 전공 가이드북에서도 세부 전공 분야로 언급되는 내용들이다. 따라서 시의성이 높은 주제보다 교과서와 대학 가이드북을 기반으로 일반화된 주제를 선정하여 깊이 있게 탐구하는 노력이 필요할 것이다.

무엇보다 가장 중요한 것은 주제 탐구 활동을 즐기는 것이다. 자신이 전공할 수 있는 주제를 깊이 파고드는 과정은 매우 흥미롭다. 탐구 활동을 통해 관심 있는 분야의 새로운 지식을 얻게 되는 즐거움을 느끼다 보면 수업 시간에도 자연스럽게 집중하게 될 것이다. 선생님의 말씀에서 몰랐던 내용을 알게 되거나 계속 탐구해 나갈 수 있는 키워드를 얻게 되기 때문이다. 자신과 전공이 비슷한 친구들과 함께 주제를 탐구하며 협업의 즐거움과 탐구의 즐거움을 느껴 보자.

주제 선정을 위한
인공지능 활용 방법

주제 탐구의 출발점은 바로 질문이다. 올바르게 질문해야 탐구 방향성을 정하고, 필요한 정보를 더욱 체계적으로 수집할 수 있다. 하지만 한정된 경험과 지식만으로는 한계가 있기 때문에 인공지능을 활용하여 질문을 던지면 훨씬 폭넓고 깊이 있는 주제 탐구가 가능하다.

1) 활용 가능한 인공지능

(1) 챗GPT

가장 많이 알려진 오픈 AI인 챗GPT(ChatGPT)에서 'GPT'는 Generative Pre-trained Transformer의 약어다. 'Generative'는 새롭

고 유의미한 텍스트를 만들어 내는 능력을 의미한다. 챗GPT는 사용자가 질문을 하거나 대화를 나눌 때 필요한 답변이나 이야기를 생성한다. 'Pre-trained'는 사전 학습된 모델을 뜻하며, 챗GPT는 방대한 텍스트 데이터로 미리 학습되어 새로운 상황에서도 적절한 답변을 할 수 있다. 'Transformer'는 인공지능 모델의 구조 유형으로, 텍스트에서 문맥을 이해하고 처리하는 데 매우 효과적이다. 챗 GPT는 이 구조를 바탕으로 개발되어 자연스러운 언어 생성을 가능하게 한다. 즉 다양한 주제를 두고 인간처럼 대화하고 답변할 수 있도록 설계된 인공지능이 바로 챗GPT다. 챗GPT는 오픈 AI 플랫폼에 회원가입 후, 무료나 유료 구독제(ChatGPT Plus)로 이용할 수 있으며, 회원가입 후 채팅창에 질문을 입력하여 사용할 수 있다.

(2) 뤼튼

오픈 AI가 개발한 GPT모델의 4번째 시리즈인 GPT-4와 같은 여러 생성형 인공지능을 한 곳에서 무료로 이용할 수 있는 서비스다. 챗GPT와 비슷하게 대화를 통해 결과물을 생성하는 방식이지만, 뤼튼은 더욱 폭넓은 콘텐츠 생성을 위해 데이터 소스에 대한 추가적인 전처리와 모델 구조의 특화가 이루어졌다. 대화뿐만 아니라 문서 요약, 소스 코드 작성, 이미지 생성, 기사 작성 등의 작업도 수행할 수 있는 텍스트 생성 도구에 중점을 두고 개발되었다.

(3) 클로드

클로드(Claude)는 앤트로픽(Anthropic)에서 개발한 인공지능 모델로, 대화형 인공지능 시스템이다. 이 모델은 자연어 처리를 기반으로 사람과의 상호작용을 통해 질문에 답변하고 정보를 제공한다. 클로드는 안전성과 윤리를 중시하여 설계되었으며, 사용자와의 대화에서 더욱 신뢰할 수 있는 정보를 제공하기 위해 다양한 학습 방법을 활용한다. 최신 언어 모델 기술을 기반으로 고급 텍스트 이해 및 생성 능력을 갖추고 있어 빠른 응답 속도와 정확성이 장점이다. 사이트(claude.ai)에 접속하여 이메일이나 구글 계정으로 회원가입을 한 후 대화창에 질문이나 요청 사항을 입력하면 인공지능이 질문에 대한 답변을 텍스트로 생성해 준다.

(4) 제미나이

제미나이(Gemini)는 구글이 개발한 인공지능 모델로, 다양한 작업을 수행할 수 있는 멀티모달 인공지능 시스템이다. 제미나이라는 이름은 별자리 이름 중에 쌍둥이 자리를 의미한다. 제미나이는 텍스트, 이미지, 비디오 등 여러 형태의 데이터를 처리할 수 있으며, 자연어 이해와 생성, 이미지 분석, 응답 생성 등 다양한 기능을 갖췄다. 제미나이는 특히 사용자와의 상호작용에서 높은 품질의 답변을 제공하기 위해 설계되었으며, 다양한 분야에서 활용될 수 있다. 학습 데이터의 폭이 넓어 다양한 주제를 깊이 있게 이해하는 것을 바탕으로 정보를 제공할 수 있다. 구글 인공지능 제미나이 프로 모델을 사용하기 위해서는 크롬 브라우저를 영문 버전으로 바꾼 후, 구글 검색창에 제미나이를 입력하고 두 번째 항목인 Google DeepMind로 들어가 bard를 클릭하면 사용할 수 있다.

(5) 코파일럿

코파일럿(Copilot)은 마이크로소프트의 대화형 인공지능이다. 이전에는 뉴 빙(New Bing)이나 빙 챗(Bing Chat)이라는 이름으로 알려졌었다. 현재 웹사이트와 모바일 애플리케이션 형태로 사용할 수 있으며, Microsoft 365 코파일럿과 Windows 코파일럿에서도 제공된다. GPT-4 모델을 기반으로 검색에 최적화되어, 빙(Bing)에서 검색한 최신 정보를 활용해 간결하고 깔끔한 답변을 제공한다. 답변에는 참고한 사이트의 출처가 각주 형태로 표시되지만, 사용자가 한번 더 확인할 필요가 있다. 또 사진이나 파일을 업로드한 후 해당 파일에 대해 질문할 수 있다. 예를 들어 PDF를 업로드하고 요약을 요청하거나 파이썬 프로그램을 올려 코드의 각 부분을 설명해 달라고 할 수 있다.

2) 인공지능을 활용한 질문과 개요 작성 방법

물리학과와 신소재학과를 목표로 하는 고등학교 2학년 학생이 뤼튼을 이용하여 주제 탐구를 진행한다고 가정해 보자.

> 물리학과 신소재학과를 가려고 하는 학생이 주제탐구를 함께진행하려고해. 고등학교 2학년 수준으로 할 수 있는 탐구주제를 10가지 추천해줘
>
> **답변**
>
> 🌐 검색 과정
>
> 안녕하세요. 뤼튼입니다. 물리학과 신소재학과를 가려는 학생을 위해 고등학교 2학년 수준에서 진행할 수 있는 주제탐구 주제 10가지를 추천드리겠습니다:
> 1. 자기장과 전자기유도: 자기장의 특성과 전자기유도 현상 탐구
> 2. 광학 현상 연구: 렌즈와 거울을 이용한 광학 실험 수행
> 3. 열역학 법칙 탐구: 열기관의 효율과 열역학 법칙 확인
> 4. 반도체 소자 특성 분석: 다이오드, 트랜지스터 등 반도체 소자의 특성 조사
> 5. 신소재 개발: 새로운 복합재료나 스마트 소재의 특성 탐구
> 6. 에너지 변환 기술: 태양전지, 연료전지 등 신재생에너지 기술 연구
> 7. 나노 구조 분석: 주사 터널링 현미경 등을 이용한 나노 구조 관찰
> 8. 입자물리학 기초: 기본 입자와 상호작용에 대한 이해 증진
> 9. 우주론과 천체물리학: 우주의 구조와 진화, 천체 현상 탐구
> 10. 생체모방 공학: 자연에서 영감을 얻은 신소재 및 기술 개발
> 이러한 주제들은 물리학과 신소재학 분야의 기초 개념을 이해하고 실험을 통해 탐구할 수 있는 좋은 기회가 될 것입니다. 학생 여러분의 관심사와 수준에 맞추어 선택하시기 바랍니다.

뤼튼이 추천해 준 10가지 주제 중 물리학 지망 학생은 열역학법칙, 신소재학과 지망 학생은 생체모방 공학 키워드를 선택했다. 그런데 신소재학과 지망 학생이 생체모방 공학이 고등학교 2학년 수준에서 가능한 내용인지 알 수 없거나 자연에서 영감을 얻은 신소재가 있는지 등 추가적인 궁금증이 있다면 이와 관련해 추가 질문을 하면 된다.

이중 생체모방 공학: 자연에서 영감을 얻은 신소재 및 기술 개발 주제에 관심이 있어. 자연에서 영감을 얻은 신소재에 대해 알려줘

🔵 **답변**

⊕ 검색 과정 ⌄

네, 생체모방 공학은 매우 흥미로운 분야입니다. 자연에서 영감을 얻은 다양한 신소재와 기술들이 개발되고 있습니다.

대표적인 예로 다음과 같은 것들이 있습니다:

1. 셀프 클리닝 표면 (Self-cleaning surfaces)
- 연꽃 잎의 표면 구조에서 영감을 얻어 개발된 초소수성 표면
- 물방울이 쉽게 굴러떨어져 오염물질을 제거하는 원리
2. 점착성 접착제 (Adhesive inspired by geckos)
- 도마뱀의 발바닥 구조에서 착안한 점착성 접착제
- 미세한 섬모 구조로 인해 강력한 접착력을 발휘
3. 초소수성 코팅 (Superhydrophobic coatings inspired by lotus leaves)
- 연꽃 잎의 표면 구조에서 영감을 얻은 초소수성 코팅
- 물방울이 쉽게 구르며 오염물질을 제거하는 효과
4. 자가 치유 재료 (Self-healing materials inspired by skin)
- 피부의 자가 치유 능력에서 착안한 자가 치유 재료
- 작은 손상이 자동으로 복구되는 특성

이처럼 자연에서 관찰되는 다양한 현상과 구조를 모방하여 혁신적인 신소재와 기술이 개발되고 있습니다. 생체모방 공학은 지속 가능한 미래를 위한 중요한 연구 분야라고 할 수 있습니다. ⬇

신소재학과 지망 학생은 인공지능이 제시한 생체모방기술의 예시를 보고 흥미가 생겨서 이 키워드의 탐구를 진행하기로 결정했다. 그런데 이 학생은 평소 형상 기억합금에도 관심이 있었다. 이를 떠올려 다시 뤼튼에게 질문한 예시는 다음과 같다.

생체모방기술과 형상기억합금을 키워드로 물리학적 원리가 들어간 연구를 하려고해. 고등학교 2학년 수준에서 할 수 있는 주제 추천해줘

답변

⊕ 검색 과정   ∨

네, 고등학교 2학년 수준에서 생체모방기술과 형상기억합금의 물리학적 원리를 다룰 수 있는 주제를 10가지 추천드리겠습니다:

1. 형상기억합금의 상변태 원리와 생체모방 구조물 설계
2. 생체모방 근육 구조에서 형상기억합금의 응력-변형률 특성 분석
3. 형상기억합금 기반 생체모방 그리퍼의 작동 메커니즘과 힘-변위 관계
4. 생체모방 보행 로봇의 에너지 효율성과 형상기억합금 구동기의 역할
5. 형상기억합금의 열역학적 특성을 활용한 생체모방 수중 로봇의 추진 원리
6. 생체모방 보철 장치의 구동 메커니즘과 형상기억합금의 역할
7. 생체모방 동물 로봇의 동작 제어와 형상기억합금 구동기의 동적 특성
8. 생체모방 기술과 형상기억합금의 융합이 미래 로봇 기술에 미치는 물리학적 영향
9. 형상기억합금의 초탄성 특성을 활용한 생체모방 충격 흡수 장치 설계
10. 생체모방 기술과 형상기억합금의 융합이 의료 및 재활 분야에 미치는 물리학적 혁신

이러한 주제들은 고등학교 2학년 수준에서 충분히 탐구할 수 있는 내용들입니다. 관심 있는 주제를 선택하여 물리학적 원리를 중심으로 심도 있게 탐구해보시기 바랍니다.

이 학생은 뤼튼이 추천해 준 10가지 주제 중 5번에 나오는 형상기억합금과 열역학적 특성에 대한 원리를 참고해 '형상기억합금과 생체모방기술의 열역학적 특성에 대한 연구'를 하기로 결정했다. 주제 선정 과정에서 중요한 것은 주제와 관련된 선행 논문이나 탐구 자료가 충분한지 확인하는 것이다.

주제를 정하고 난 뒤 뤼튼에게 바로 이와 관련한 선행 논문을 찾아 달라고 요청할 수 있다.

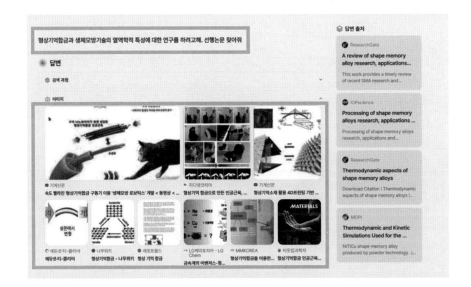

이렇게 주제를 정했다면 본격적으로 자료를 탐색하기에 앞서 개요를 작성해야 한다. 큰 뼈대를 정하고 살을 붙이는 형태로 탐구를 진행해야 시간도 절약하고 효율적인 탐구가 가능하기 때문이다. 인공지능은 학술적인 탐구의 목차를 매우 잘 만들어 준다. 자신이 선정한 주제의 목차를 구성해 달라고 질문하고, 인공지능이 만들어준 목차를 바탕으로 탐색한 자료 등을 조정하면 학술적 탐구를 위한 개요를 더욱 효율적으로 작성할 수 있다.

　　　　건축물의 구조적 안정성을 반영한 의류 디자인에 대한 주제로 주제 탐구를 하려고 해.
이제 본격적으로 주제 탐구를 하기 앞서서 목차부터 정하고 시작하려고 해. 목차를 구성해 줘.

좋아요! **건축물의 구조적 안정성을 반영한 의류 디자인**이라는 주제로 탐구 보고서를 작성하기
위한 목차를 구성해 드릴게요.

목차

1. 서론
- 연구 배경 및 목적
- 연구 질문 및 목표
- 연구 방법 및 범위

2. 이론적 배경
- 건축물의 구조적 안정성 개념
- 주요 건축 구조 요소(트러스, 아치, 돔 등)
- 의류 디자인 기본 원리

3. 사례 연구
- 건축물 사례 분석
  - 에펠탑
  - 시드니 오페라 하우스
  - 현대 고층 빌딩
- 의류 디자인 사례 분석
  - 트러스 구조를 활용한 의류
  - 아치 형태를 반영한 의류
  - 돔 구조를 반영한 의류

4. 구조적 요소와 의류 디자인 융합
- 건축물의 구조적 요소 분석
- 구조적 요소를 의류 디자인에 적용하는 방법
- 재료 선택 및 활용

5. 디자인 및 제작 과정
- 디자인 구상 및 스케치
- 프로토타입 제작
- 기능성 테스트 및 수정

6. 결과 및 분석
- 제작된 의류의 평가
- 기능성 및 디자인적 요소 분석
- 연구 결과 요약

7. 결론
- 연구 요약 및 결론
- 연구의 한계 및 향후 연구 방향
- 실용적 적용 가능성

8. 참고 문헌
- 참고한 문헌 및 자료 목록

이 목차를 바탕으로 탐구보고서를 작성하면 체계적이고 논리적인 보고서를 완성할 수 있을 거예요. 준비 과정에서 궁금한 점이 있으면 언제든지 물어보세요!

물론 인공지능이 제시한 목차를 그대로 이용하거나 모든 내용을 다 포함시킬 필요는 없다. 그중 필요한 내용만 정리하여 자신의 목차로 다시 구성하면 된다. 다만 여기서 주의할 점은 인공지능이 탐색한 주제나 자료 가운데 잘못된 정보가 들어가는 경우가 있으니 맹신해서는 안 된다는 점이다. 인공지능이 알려 주는 내용을 참고하되, 학술 자료를 직접 읽으며 내용을 확인하고 검증하며 탐구를 진행해야 한다.

깊이를 더하는
주제 탐구 활동 탐색 방법

    주제 탐구 활동의 핵심은 최대한 다양한 자료를 탐색해서 탐구 활동의 깊이를 더하는 것이다. 학생들을 지도하다 보면 생각보다 다양한 도서와 매체 자료를 찾아서 누적시키는 방법을 알지 못하는 경우가 많다. 깊이를 만드는 방법은 단순하다. 자신이 해결해야 하는 문제의 해결책을 최대한 많은 자료를 읽으며 찾아가는 것이다. 이를 위해 학술적 탐구를 목적으로 한 자료들을 어디서 어떻게 찾아야 하는지 알아야 한다. 찾은 사이트들을 즐겨찾기 모음에 정리하고, 계속 추가해 가면서 자신에게 최적화된 자료 탐색 방법을 익힌다면 주제 탐구를 성공적으로 수행할 수 있을 것이다. 자료를 충분히 누적시킨 이후에는 하나씩 읽으면서 필요한 자료와 필요하지 않은 자료를 구분하고, 구성한 목차에 맞게 자료들을 재조합해야 한다.

(1) 대학 전공 가이드북

교과 활동 및 교과 기반 심화 탐구 활동을 진행할 때 가장 중요한 것은 자신의 진로와 관련 있는 교과에서의 활동이다. 특히 교과에서 수행한 수행평가는 탐구를 심화시켜 나가기에 가장 적합하다. 따라서 교과 수행평가를 마친 후에는, 그 과정에서 생긴 호기심을 심화 주제로 발전시키고 수행평가에서 활용했던 양식을 바탕으로 탐구를 진행하면 효과적이다.

또 교과 기반의 심화 탐구 활동을 기획하는 가장 좋은 방법은 대학 전공 가이드북을 참고하는 것이다. 예를 들어 생명과학과의 전공 안내를 살펴보면 유전학, 세포생물학, 분자생물학, 생화학, 생명공학, 미생물학 등 고등학교 생명과학1, 2에서 학습하는 과목들이 담겨 있다. 만약 대학의 전공 분야를 충분히 고려하지 않고 자신이 하고 싶은 주제만을 탐구하게 되면, 대학에서 무엇을 배우는지 알지 못한 채 진행한 활동이기 때문에 좋은 평가를 받지 못하는 경우가 많다.

그래서 주제 탐구를 할 때는 진학하기를 희망하는 여러 대학의 전공 가이드북을 읽어 본 후 교내의 다양한 전공 관련 탐구 활동의 주제를 정하는 과정에서 참고하는 것이 좋다. 예를 들어 수행평가에서 유전학을 탐구했다면 학급 특색 활동에서 세포생물학을, 진로 활동에서 생화학을, 동아리 활동에서 미생물과 관련된 탐구를 할 수 있는 것이다.

이때 1, 2학년 과정에서는 여러 전공 영역을 폭넓게 다루는 것이 좋고, 3학년 과정에서 가장 관심 있는 특정 전공 영역에 집중하는 것이 바람직하다. 그래야 학교생활기록부에 이야기가 형성된다. 이를테면 1, 2학년 과정 때 유전학, 세포생물학, 분자생물학, 생화학, 미생물학 등을 폭넓게 살펴본 뒤, 3학년 과정에서 세포생물학에 집중하는 모습을 보이면 학생의 관심사와 이야기가 자연스럽게 드러나는 것이다. 따라서 너무 좁은 주제에 집착하기보다 학과의 여러 전공 영역을 향한 관심을 나타내며 주제를 정하고 활동을 시작하도록 하자.

(2) 대학 홈페이지 연구 활동

대학 홈페이지에서도 주제의 힌트를 얻을 수 있다. 각 대학 홈페이지에 접속하면 '연구/산학'이라는 배너가 있는데, 이곳을 클릭하면 각 대학의 연구 성과를 전공별로 살펴볼 수 있다. 관심 있는 대학을 즐겨찾기 해 두고 종종 들어가서 최신 연구 동향을 살펴보는 것도 주제 탐구에 큰 도움이 된다.

(3) 메이저맵

메이저맵(majormap.net) 홈페이지를 이용하면 대학과 학과에 대한 정보를 얻을 수 있다. 학과 정보를 확인하면 각 학과별로 워드클라우드가 나타나는데, 이는 대학의 교육과정에서 자주 언급되는 단어를 정리한 것이다. 또 메이저맵에서는 학과별 추천 도서도 함께 제공하므로, 워드클라우드와 추천 도서의 내용을 함께 참고하여 탐구 주제를 정해 볼 수 있다.

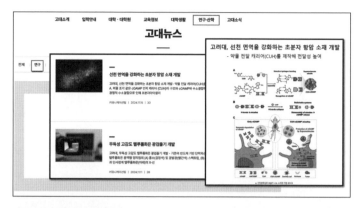

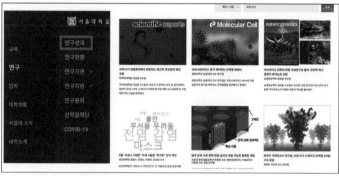

대학 홈페이지 연구 활동

메이저맵

(4) 학술 자료

학술 자료를 찾아볼 수 있는 사이트는 여러 곳이 있다. 우선 디비피아는 한국에서 제공되는 학술 데이터베이스로 다양한 학술지, 논문, 연구 자료 등을 포함한다. 주로 한국어로 된 학술 자료가 중심이며 여러 분야의 연구 결과를 검색하고 열람할 수 있는 플랫폼이다. 학교 아이디가 있는 경우는 홈페이지 메인의 'idea' 배너를 클릭하여 주제를 추천받을 수 있다. 만약 학교 아이디가 없는 경우 검색창에 관심 키워드를 입력하면 관련 논문들을 검색할 수 있다. 또 디비피아에서는 가장 많이 본 논문 목록을 엑셀 형태로 제공하는 자료가 있기 때문에 키워드 검색 등으로도 관심 있는 논문을 쉽게 찾아볼 수 있다.

또 다른 사이트로 RISS는 국내외 다양한 학술 자료를 검색하고 이용할 수 있는 플랫폼이다. 주로 대학생, 연구자, 교수 등이 학술 연구를 위해 활용한다. 사이트에 접속해서 '최신/인기 학술자료'

를 클릭하면 해당 목록을 확인할 수 있다. 인문학/사회과학/자연과학/공학/의약학 등 계열별로 최신/인기 학술 자료를 볼 수 있기 때문에 주제 선정 과정에서 활용하기 좋다. 특히 이러한 학술 자료들은 다양한 그림, 사진, 도표를 활용하기 때문에 시각 자료를 통해 연구 내용을 매우 함축적으로 확인할 수 있다. 따라서 주제 탐구의 과정에서도 이러한 그림, 사진, 도표를 활용하면 내용을 효율적으로 정리할 수 있을 것이다.

구글 학술 검색(Google Scholar)도 학술 자료를 검색할 수 있는 구글의 무료 검색 엔진이다. 전 세계의 다양한 학술 자료를 포괄하며 주로 학술 논문, 학위 논문, 책, 학술지, 특허 등 다양한 학술 정보를 제공하니 관심 있는 키워드를 입력하면 된다. 예를 들어 '소득불평등'을 키워드로 검색하면, 키워드가 포함된 다양한 학술 자료가 검색된다. 이때 지나치게 오래된 학술 자료에서 언급하는 내용은 최근에 사용하지 않는 개념이나 이론일 가능성도 있으므로, 연도별로 검색하여 최대한 최근 연구를 기준으로 자료를 탐색할 필요가 있다.

구글 학술 검색과 달리 네이버 전문 정보는 네이버의 검색 알고리즘을 기반으로 하여 주로 한국의 학술 자료와 연구 결과에 중점을 두는 서비스다. 국내 학술지, 학위 논문, 연구 보고서 등의 다양한 자료를 검색하고 열람할 수 있다. 네이버에서는 네이버 캐스트에서도 자신의 전공 분야와 관련된 다양한 주제의 글을 확인할 수 있다. 특히 자연계열 학생들은 수학/과학백과를 활용하면 수학, 물리, 화학, 생명과학, 지구과학 등의 다양한 주제 중에서고등학생들이 쉽게 접근할 수 있는 주제를 손쉽게 찾을 수 있다. 특히 고등학교 1학년 과정에서는 어려운 학술 자료보다 네이버 캐스트나 신문 자료 등을 활용하여 탐구 방법을 익히는 것도 좋다.

(5) 온라인 공개 강좌

온라인 공개 강좌를 활용하는 것도 좋은 방법이다. 다양한 주제를 다루는 강연 시리즈는 앞서 말했듯 대표적으로 TED가 있다. TED는 강의를 통해서 주제를 선정하거나 선정한 주제의 압축된 정보를 얻을 수 있다는 이점이 있다. TED는 세계적인 석학들이 일반인을 대상으로 자신의 연구를 쉽게 설명하는 경우가 많으므로, 이를 통해 발견한 키워드를 바탕으로 추가 자료를 검색해 보면 쉽게 주제 탐구를 진행할 수 있다.

주제 탐구에서 중요한 것은 활용하는 매체나 자료 자체가 아니라 추가 자료 조사이다. 따라서 고등학교 1학년 과정에서는 자신의 전공 분야에 해당하는 TED 강의를 여러 편 시청한 후, 추가 자료 조사로 주제를 선정하고 탐구 활동을 진행하는 방향으로 TED 강의를 이용하는 것을 추천한다.

TED가 고등학교 1학년이 활용하기 좋다면 K-MOOC(한국형 MOOC)는 2, 3학년 과정의 주제 탐구에서 활용하기 좋다. 특히 국내외 대학과 기관에서 자발적으로 공개한 강의 동영상, 강의 자료를 무료로 제공하는 홈페이지(kocw.net)를 방문하면 세부 전공 분야별로 강의가 정리되어 있어 전공별 주제를 쉽게 찾아볼 수 있다. 강의에 따라 교수들의 강의록을 PDF로 제공하기 때문에 내용을 이해하는 데 큰 도움이 되고, 유사 주제의 학술 자료도 링크되어

⟨RISS 기반⟩ 주제를 탐구하는 과정에서 많은 도움을 받을 수 있다.

또 다른 영상 자료 중 네이버TV의 〈생각의 열쇠, 천 개의 키워드〉 프로젝트는 서울대학교 기초교육원, 네이버, EBS가 협력하여 기초 교양 지식을 대중화하기 위해 기획한 프로그램이다. 서울대 교수들이 인문학, 사회과학, 자연과학 등 다양한 학문 분야의 1,000개 키워드에 대해 기초 강연을 제공한다. 예를 들어 물리천문학부의 '힘', 사회복지학과의 '가계부채', 생명과학부의 '백신' 등을 주제로 한 강연들이 있기 때문에 자신의 주제 탐구 분야와 관련된 정보를 얻기에 매우 유용하다. 10문 10답 형식으로 구성되고 5분 내외의 짧은 영상으로 구분되어 시청에 부담도 적다.

(6) 언론 기사

포털 사이트 뉴스란에는 학술적인 내용의 기사가 많이 노출되지 않지만, 전공 분야에서 활용할 수 있는 좋은 기사들은 여전히 많이 존재한다. 특히 자연계열 관련 학술 자료는 내용이 매우 어려워 학생들이 이해하기 힘든 경우가 많지만, 신문 기사는 이런 내용을 대중이 이해하기 쉽게 정리해 주기 때문에 주제 탐구 활동에 큰 도움이 된다.

언론 기사로 주제를 탐색할 때 우선 한국언론진흥재단 홈페이지를 이용하는 것이 효과적이다. 일간지부터 월간지까지 다양한 매체의 기사를 주제별로 검색할 수 있다.

또 한국의 뉴스 및 정보 검색 플랫폼인 빅카인즈(BigKinds)를 이용해도 좋다. 다양한 언론사의 기사와 데이터를 종합적으로 제공하는 서비스다. 빅카인즈 사이트(bigkinds.or.kr)에 접속해 뉴스 분석을 클릭하고 관심 있는 키워드를 입력하면 관련 기사들의 목록과 관계도, 연관어 분석을 시각적으로 제공해 탐구 주제와 관련된 내용을 체계적으로 정리할 수 있다.

뉴닉(newneek.co)은 주로 젊은 세대를 대상으로 하는 뉴스 요약 및 정보 제공 플랫폼이다. 젊은 세대가 쉽게 접근할 수 있도록 친근하고 유머러스한 표현을 사용한다. 정치, 경제, 사회, 문화 등 다양한 분야의 뉴스를 제공하므로 관심사에 맞춘 최근 뉴스들을 탐색하며 주제 탐구에 활용할 수 있다.

(7) 한국학술지인용색인

한국학술지인용색인(KCI, Korea Citation Index)은 한국에서 발표된 학술지의 인용 정보를 수집하고 제공하는 데이터베이스이다. 사이트 상단 메뉴의 분석정보서비스 항목에 들어가면 자신의 전공 분야에 해당되는 학문 분야의 연구 동향을 확인할 수 있다. 해당 분야에 가장 많이 인용되는 학술 자료와 자주 언급되는 키워드를 순위별로 제시하여 주제 탐색 단계부터 학술 자료 활용에 큰 도움을 준다.

(8) 국가통계포털

국가통계포털(KOSIS)은 다양한 분야의 통계를 검색할 수 있어 신뢰할 수 있는 데이터를 얻을 수 있는 사이트다. 예를 들어 경제, 사회, 환경, 교육 등 관심 있는 분야의 데이터를 쉽게 찾을 수 있다. 시계열 통계는 시간에 따른 변화와 추세를 분석하는 데 유용하며 지역별 통계는 탐구 주제를 구체화하고 비교 분석 자료로 활용하기에 좋다. 특히 그래프와 표로 제공되는 데이터는 탐구 보고서 작성과 발표 자료에 큰 도움이 되므로 주제 탐구에 유용하다.

(9) 자연/이공계 참고 사이트

이공계를 지망하는 고등학생들에게는 사이언스 온(Science ON)이 주제 탐구의 든든한 길잡이다. 특히 지능형 분석 배너에 있는 인공지능 논문 서비스가 매우 편리하다. 논문의 주요 내용을 요약해 주기 때문에 짧은 시간 내에 논문의 핵심 정보를 추출하고 많은 자료를 탐색할 수 있다.

또 전공 관련 학회 홈페이지를 활용해도 좋다. 예를 들어, 한국물리학회는 최신 물리학 연구 동향과 논문을 제공하고 한국화학공학회는 화학공학 분야의 다양한 연구 자료와 학술 대회를 통해 실질적인 연구 경험을 쌓을 수 있게 한다. 한국생물공학회는 생물공학 관련 최신 기술과 연구 결과를 공유하며, 한국지구과학회는 지구과학 분야의 다양한 연구 자료와 학술지 기사를 통해 탐구 주제를 구체화하는 데 도움을 준다.

국가과학기술지식정보서비스(NTIS)도 이공계열을 지망하는 고등학생이 활용하기 좋다. 최신 연구 및 기술 정보를 검색할 수 있어 흥미 있는 탐구 주제를 설정할 수 있으며, 연구 과제 사례를 통해 탐구 계획을 구체화하고, 논문과 보고서를 활용해 심화 학습 자료로 삼을 수 있다. 국가 R&D 통계와 기술 동향 자료도 탐구 주제의 배경과 중요성을 이해하는 데 도움이 된다.

기계 및 로봇 분야에 관심이 있다면 기계로봇연구정보센터에서 관련 최신 연구 논문과 보고서를 열람하면 이론적 배경을 학습하는 데 도움을 받을 수 있다. 연구 동향 코너에서는 현재 학계와 산업계에서 주목받는 기술과 발전 방향을 확인할 수 있다. 예를 들어, 자율 주행 로봇이나 인공지능 로봇의 기술 동향을 참고해 탐구 주제를 구체화할 수 있다.

메디칼타임즈(Medicaltimes)는 의약 탐구를 심화하고 방향을 설정하는 데 도움을 주는 플랫폼이다. 의료 및 제약 분야의 최신 뉴스와 연구 동향을 통해 흥미로운 주제를 탐색할 수 있다. 연구 동향 코너에서 신약 개발, 의료 기술, 질병 치료법 등 주목받는 연구 주제를 참고하면 좋다.

(10) 인문/사회과학/사범대 참고 사이트

KDI경제정보센터는 경제와 경영 탐구를 체계적으로 지원하는 플랫폼이다. 주요 경제 이슈와 정책 보고서를 활용하고, 산업별 동향과 분석 자료를 통해 경제의 다양한 측면을 구체적으로 이해할 수 있다. 또 인플레이션, ESG 경영, 디지털 경제 등 현재 주목받는 주제의 심층 자료도 얻을 수 있으며 각종 통계와 데이터베이스를 탐구 결과에 근거를 더하는 자료로 활용해도 좋다. 이뿐만 아니라 다양한 전문가 인터뷰와 칼럼, 청소년 경제 교육 자료를 통해 경제·경영 관련 배경 지식을 쌓을 수 있다.

인문사회과학 계열도 학회 홈페이지를 활용하면 좋다. 해당 분야의 최신 연구 동향과 자료를 제공하므로 관심 있는 분야의 학회에 들어가 탐색해 보기를 권한다. 예를 들어 한국사회학회(ksa21.or.kr)는 학회가 발행하는 학술지 〈한국사회학〉에서 다양한 사회적 이슈와 이론적 접근을 다루므로, 학생들이 특정 사회 문제를 탐구할 때 관련된 깊이 있는 자료를 얻을 수 있다. 또 한국인문사회과학회(hi1977.or.kr)는 인문학과 사회과학의 융합을 통해 사회 문제를 다양한 관점에서 분석할 수 있는 자료를 제공한다. 한국사회과학회(kassonline.org)는 사회 경제적 문제와 정책을 중심으로 논의하기 때문에, 학생들이 현대 경제 및 정치 문제를 분석하거나 해결책을 제안하는 데 도움을 받을 수 있다. 특히 중소 기업의 역할, 남북 경제 협력, 고용 창출과 같은 주제는 사회 과학적 시각으로 학생 연구를 구체화할 수 있는 좋은 방향성을 제공한다. 한국사회복지학회(kasw.org)에서도 초고령화, 저출산, 디지털화, 코로나19, 기후변화 등 현대 사회에서 직면한 다양한 문제를 주제로, 고등학생이 관심 있는 사회 복지 주제를 구체화하는 데 도움을 줄 수 있다.

경제·경영 계열을 지망하는 고등학생은 우리금융경영연구소(wfri.re.kr)를 참고하면 좋다. 산업별 리포트를 통해 금융 업계의 다양한 현황을 분석할 수 있고, 국내외 경제 이슈를 다룬 보고서는 글로벌 경제 환경에 대한 이해를 돕는다. 주요 이슈를 다룬 전문가 칼럼과 분석 자료, 금융 통계 및 데이터도 주제 탐구 활용에 적합하다. 더욱 청소년의 눈높이에 맞춘 내용이 담긴 한국경제신문 생글생글(sgsg.hankyung.com)을 활용해도 좋다. 특히 시사 교양 코너에서는 다양한 사회 현안을 쉽게 이해하도록 돕고, 주요 사회 문제와 경제적 쟁점을 다룬 기사들도 주제의 깊이를 더하기에 적합하다.

무역학에 관심이 있는 학생에게는 한국무역협회 사이트를 추천한다. 국제 통상 이슈, 무역 정책 변화, 글로벌 경제 트렌드에 대한 전문가들의 심도 있는 보고서와 칼럼들이 많고, 실증적 연구에 활용할 수 있는 방대한 데이터를 찾아볼 수 있다.

오픈애즈(openads) 사이트는 마케팅에 관심 있는 사회 과학 계열을 지망하는 고등학생들에게 최신 마케팅 트렌드와 사례를 제공한다. 또 최신 시사 이슈와 마케팅의 연관성을 분석한 기사들이 있어 현재의 마케팅 동향을 파악하는 데도 도움이 된다.

교육학과와 사범대에 관심이 있다면 행복한 교육(happyedu.moe.go.kr) 사이트를 활용하면 좋다. 교육 불평등, 디지털 교육, 학습권 보장 등 교육과 관련된 문제와 관련된 자료가 다양하게 있기 때문에 탐구 주제를 정하거나 내용을 구성할 때 많은 도움을 받을 수 있다.

주제 탐구 보고서
작성과 결과 정리

현재의 주제 탐구는 과거처럼 학부 수준의 학술적 깊이를 보여
주는 것을 목표로 하지 않는다. 핵심은 교과에서 얻은 호기심을 교
내의 다양한 활동에 참여하여 더욱 깊이 있게 탐구하고, 자신의 전
공 분야를 충실하게 준비한 과정을 드러내는 것이다. 그래서 과거
의 소논문 쓰기 활동과 현재의 주제 탐구 활동은 그 성격이 크게
달라졌다. 소논문 쓰기 활동서와 주제 탐구 계획서의 양식을 비교
해 보자.

팀명				지도교사	
	순번	학번	이름	희망 학과	팀 내 역할
팀원 명단					
탐구 주제					
목차					
연구 목적					
선행 연구 분석					
서론					
본론	가설 1: 가설 2: 가설 3: 가설을 증명하기 위한 연구 방법				
결론	연구 결과 정리 - 연구 결과가 갖는 의미, 한계점				
참고 문헌					

기존의 소논문 활동 계획서

팀명				지도교사	
팀원 명단	순번	학번	이름	희망 학과	팀 내 역할

탐구 주제		

왜?	주제 선정 동기	
	관련 교과 및 단원	

무엇을?	탐구 목표	
	관심 키워드	
	탐구 개요	
	가설	

어떻게?	탐구 방법	

현재의 주제 탐구 계획서

218

기존의 소논문 쓰기 활동 계획서는 논문의 형태를 띠고 있지만, 현재의 주제 탐구 계획서는 교과서에 기반한 활동에 초점을 맞추고 있다는 차이점을 바로 알 수 있다.

1) 주제 탐구 보고서 작성 절차 및 방법

탐구 활동은 다양한 방법으로 진행되며, 탐구의 성격에 따라 과정과 절차가 다르다. 과정과 절차도 중요하지만, 결국 탐구 활동은 탐구 보고서를 작성하는 것으로 마무리된다. 탐구 보고서는 너무 어렵고 복잡하게 생각하기보다, 일반적인 형식에 맞춰 내용을 정리한다고 생각하면 쉽다. 독서 기록장이나 탐구 보고서는 기본적인 구조가 거의 유사하다. 학교생활기록부에 기재되는 활동들은 기본적으로 '동기-과정-결과'가 잘 드러나야 한다. 그 이후에 '결과와 의미', '후속 활동 계획' 등으로 내용을 마무리하면 된다.

구분	독서 기록장	탐구 보고서
동기 ↓ 과정 ↓ 결과 ↓ 후속 활동	1. 왜 읽었는가?(동기)	1. 탐구 주제 선정 동기(동기)
	2. 줄거리 요약 및 인상 깊은 내용(과정)	2. 탐구 과정 및 내용(과정)
	3. 자신의 삶과 진로에 어떤 의미가 있는가?(결과, 의미)	3. 탐구 결과 요약 및 탐구의 의미, 한계(결과)
	4. 어떤 책을 추가로 읽고 활동으로 연결할 것인가(후속 활동)	4. 배우고 느낀 점(의미)
		5. 향후 탐구 계획, 대학 학업 계획 및 진로 계획(후속 활동)

2) 좋은 주제 탐구를 위한 Tip

주제 탐구를 성공적으로 진행하기 위한 구체적인 방법들을 정리하면 다음과 같다.

1. 주제 탐구 활동에서 가장 중요한 것은?
- 다양한 매체 자료와 학술 자료를 활용하는 것이 가장 중요하다. 자료의 양이 보고서의 질을 결정한다.
2. 주제 탐구 활동을 돋보이게 만들기 위해서는?
- 인문: 글로벌한 시각과 관점, 주제와 관련된 각국의 법과 제도 등을 제시하는 것이 좋다.
- 자연: 주제 관련 신기술 및 이슈에 대한 과학적 원리를 포함해야 깊이를 보여 줄 수 있다.
- 공통: 자료를 다각적으로 검토(긍정/부정, 개인적/사회적/국가적 차원, 기술적/윤리적)할 때 보고서가 돋보인다.
- 인문은 논리와 구체적 사례, 자연은 과학적 원리가 풍부하게 담길 수 있도록 해야 한다.
3. 주제 탐구 활동을 효과적으로 하는 방법은?
- 자료 탐색을 통해 가장 많이 참고할 학술 자료를 선정해야 한다.
- 구글, 네이버 등 포털 사이트와 블로그의 전문 자료를 추가 검색하면 자신의 수준에 맞는 자료를 읽으며 탐구 활동을 할 수 있다.
- 몇몇 내용 생성은 인공지능을 활용할 수 있으며 인공지능을 활용할 경우 반드시 내용을 검증해야 한다.

주제 탐구 활동에서 가장 중요한 것은 추가 자료 조사이다. 따라서 목차 구성 이후, 보고서를 작성하는 단계에서도 자료 조사는 추가로 계속 이루어지는 것이 필요하다. 또 인문은 주제와 관련한 세계의 동향을, 자연은 주제와 관련된 신기술을 내용에 포함하면 내용이 훨씬 풍부해진다. 마지막으로 구성하는 자료는 최대한 여러 가지 측면에서 검토하면 층위가 나누어지면서 내용에 깊이가 더해진다. 결국 주제 탐구는 주제 선정에 가장 공을 들여야 하고, 주제 선정 이후에는 자료 조사에 가장 오랜 시간을 들여야 좋은 결과물을 만들어 낼 수 있다.

3) 주제 탐구 활동 결과 정리

탐구 활동에서 주제 선정이 가장 중요한 것은 사실이지만 우수한 탐구 결과도 체계적으로 기록되지 않으면 그 가치를 충분히 발휘하지 못한다. 따라서 탐구 활동의 결과를 정리할 때 그 결과에 대한 구체적이고 자세한 기록이 포함되어야 한다. 주제를 선정한 동기와 탐구 과정 및 결과의 요약, 활동에서 자신의 역할과 노력, 배우고 느낀 점, 새롭게 알게 된 점, 후속 활동 계획이 모두 들어가는 것이 좋다. 꼭 기억해야 할 점은 후속 활동이 계획에서만 머물러서는 의미가 없다는 것이다.

보고서에 계획을 세웠다면 반드시 이를 실천한 기록이 있어야 활동의 연계성과 확장성 측면에서 긍정적인 평가를 받을 수 있다. 최근에는 활동의 깊이를 더하는 측면에서 후속 활동으로 독서가 더욱 부각되고 있다는 점도 참고할 필요가 있다.

모든 탐구가 성공적일 수 없지만, 꼭 성공의 기록만 좋게 평가되는 것은 아니다. 대학에서는 실패한 기록도 중요한 의미를 지닌다고 바라본다. 1학년 때 실패한 실험이나 탐구를 2학년 때 다시 한번 시도해 보는 것도 좋은 학업 태도다. 즉, 주제 탐구는 학습의 과정이며 학생 스스로 성장한 기록이 되어야 한다는 점을 기억하면 된다.

4) 주제 탐구 활동 예시

사회 과학 계열 주제 탐구 활동의 예시를 한 가지 살펴보자. 주제는 '보도자료 분석을 통한 동서양의 인지 방식 차이 파악 - 한국과 미국을 중심으로'로 선정했다. 소논문과의 가장 큰 차이는 주제 선정 동기 부분이다. 현재의 주제 탐구는 교육과정을 기반으로 하기 때문에 이 주제를 선정하게 된 동기도 '생활과 윤리' 과목에서 동서양 관점을 비교하며 배우는 과정에 궁금증이 생겼기 때문이라는 사실을 알 수 있다.

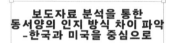

동서양의 관점에 따른 인지 차이

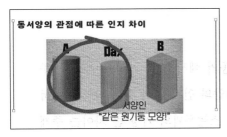

서양인
"같은 원기둥 모양!"

동서양의 관점에 따른 인지 차이

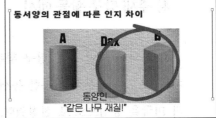

동양인
"같은 나무 재질!"

동서양의 관점에 따른 인지 차이

서양인	동양인
· 분석적 사고: 주변 맥락보다는 판단 대상에만 집중	· 통합적 사고: 대상 간의 관계성 혹은 맥락에 기초
· 세상=각각의 개체가 모여 집합을 이루고 있는 공간 => 명사 중심	· 세상=하나로 연결된 거대한 장과 같은 공간 => 동사 중심
· 대상을 볼 때 개체를 배경으로부터 분리해서 바라봄, 분리된 개체의 의미를 해석	· 관계에 의해 연관을 짓고 모든 사건의 원인과 결과가 복잡 하다고 생각, 다양한 간접적 영향과 인과관계 고려
· 사람은 맥락과는 독립적인 완결된 주체라는 인간관	· 사람이 맥락에 속해 있다는 인간관
· 개별적 사물과 그 역할 중시	· 연속적 물질과 그 본질 중시

문화심리학

인간의 심리, 자아, 감정에 문화적 전통과 사회적 수행이 반영, 표출, 전승되기 때문에
그 각각의 문화적 특이성이 인류 보편적으로 나타난다는 관점에 기초한 심리학적 연구 방법

사회 구성원이 문화적 배경차이에 따라 사물을 다르게 인지한다.
동양인과 서양인들이 동일한 사안에 대해 다르게 사고한다.

언어와 사고

사피어 · 워프 · 비고츠키

동서양 언론의 차이

동양인 | 상황적 맥락에 따라 종합적으로 인지(집단주의)
서양인 | 특정 대상을 분석적으로 인식(개인주의)

문화심리학

문화적 배경이 같은 사회문제를 다르게 보도하게 만든다!

동서양 언론의 차이_보도사진

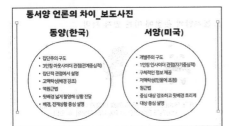

동양(한국)	서양(미국)
· 집단주의 구도	· 개별주의 구도
· 3인칭 아웃사이더 관점(관계중심적)	· 1인칭 인사이더 관점(자기중심적)
· 집단적 관점에서 설명	· 구체적인 정보 제공
· 고맥락성(배경 강조)	· 저맥락성(인물에 초점)
· 역원근법	· 원근법
· 뒷배경 넓게 촬영해 상황 전달	· 중심 대상 강조하고 뒷배경 흐리게
· 배경, 전체상황 중심 설명	· 대상 중심 설명

동서양 언론의 차이_기록과 해석방식

동양(한국)	서양(미국)
· 익명, 집단 취재원	· 실명, 개인 취재원
· 아웃사이더 관점(기자 자신 관점)	· 인사이더 관점(기자 자신 관점)
· 피해자 입장에 비중	· 가해자 입장 비중
· 사회적 환경 고려, 집단 책임 강조	· 내적 요인에 초점
· 관계중심적 해석	· 독립적 해석
· 복수의 주장 함께 존중	· 주장 간의 모순 반기지 않음

동서양 언론의 차이

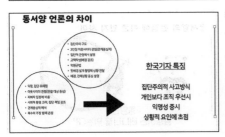

한국기자 특징

집단주의적 사고방식
개인보다 조직 우선시
익명성 중시
상황적 요인에 초점

언론이 의사결정에 미치는 영향

· 언론은 여론을 형성하고, 그 여론을 받아들이는 사람은
무의식적으로 그 정보를 옳다고 여길 수 있음.

· 여론이 잘못 제공된 정보를 그대로 믿는다면 잘못된 생각을 형성할 수 있음.

· 언론은 여론을 형성함과 동시에 정보와 의견 전달

· 정보와 의견을 바탕으로 대중의 시선, 인식, 정치 경제에 대한
개인적인 판단과 결정에 영향

=> 언론은 개인의 의사결정에 영향=대중의 의사결정에 영향

한국 언론의 장점과 단점

장점

고맥락성 -> 대상을 고립된 존재로
인식 X, 그것이 속해 있는 맥락 속에
서 종합적으로 인지

집단주의 -> 밀접한 사회적 결합

단점

아웃사이더 관점 -> 대상을 구체적
으로 묘사하지 X

집단주의 -> 사회환경적 요인에 취
약

관계종심적 해석 -> 추상적으로 묘
사하는 심황론적 경향 O

결론

- 인간의 언어가 정신건강 측은 사고와 깊게 연관이 있다고한 인지심리학자 비고츠키의 주장으로 보아, 우리는 언어의 집합인 언론의 영향을 크게 받을 수 밖에 없다. 특히 한국 언론의 아웃사이더 관점, 집단주의, 관계종심적 해석이란은 언어적 특징은 우리가 대상에 대한 구체적인 정보의 오류와 상황 맥락에 의존하게 하는 데에 영향을 미칠 수 있다. 또한, 언론은 그에 대한 진단, 사회적 해석의 편향성을 이끌어 낸다. 따라서 우리는 언론의 사회문화적 맥락을 이해하고 아웃사이더 관점만 고려하지 않는 한국의 언어적 특징이 야기하는 문제를 줄이기 위해 노력해야 한다.

- 한국 언론의 보도 방향을 대상에 대한 추상적 묘사와 사회적 해석의 편향성을 가려온다는 특징을 이해하고 사건에 대한 다양한 관점을 바탕으로 상황에 대한 판단을 내릴 수 있도록 하는 방향으로 바꿀 수 있도록 노력해야 한다.

- 인지와 언어, 사고에 대한 분석을 통해 언어를 이해하고, 나아가 우리 사회의 문화를 알 수 있었고, 우리 사회를 이해하고 더 나은 사회로 나아가기 위해서는 인간에 대한 이해와 심리학적 분석이 매우 중요함을 알 수 있었다.

후속활동

Q00 : 언어가 사고에 중요한 역할을 한다는 것을 여러 학자들에 대해 탐구하고 실험 결과들을 찾아보면서 알게 되었다. 따라서 언어적 특징에 따른 각 언어 사용자들의 구체적인 인지와 사고 방식, 문화 요소의 차이, 더 나아가 언어의 변동이 사회, 문화적 요소에 미치는 영향에 대한 궁금증이 생겼다. 이를 알아보기 위해 '언어학 101'이라는 도서를 읽고 후속 활동을 해보고자 한다. 더하여, 언어의 역사에 관해 영어에 초점을 두고 이를 설명하는 '언어의 탄생'이라는 도서도 참고하여 탐구하며 문화심리학과 언어심리학에 대한 이해도를 높이고 싶다.

참고문헌

이완수, 박재영, 김활빈, 장정헌. (2018). 사고에 대한 사고의 문화심리학적 편향성:한국과 미국 신문의 보도사진 비교 연구를 중심으로. 한국소통학보.

권재일. (1990). 에드워드 사피어의 언어 이론에 대하여. 건국대학교 인문학연구원.

배상식. (2015). L.S. 비고츠키의 언어개념-언어와 사고의 관계 문제를 중심으로-. 대한철학회.

이완수, 박재영, 신영환, 전주혜. (2018). 국가재난사고에 대한 동서양 기자들의 기록과 해석방식. 한국언론정보학회. 문정호, 사회를 이끌어가는 언론의 힘. 경남대학보, 2023.03.29.

https://knnews.kyungnam.ac.kr/news/articleView.html?idxno=2419

또 하나의 예시는 이공계열 주제 탐구 활동이다. 반도체학과와 물리학과에 관심 있는 학생들이 모둠 활동으로 진행했으며, 화학 과목에서 배운 에너지 준위와 물리 I의 반도체에서 호기심을 발전시켜 주제를 선정했다.

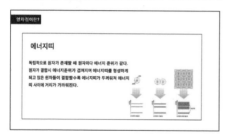

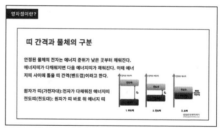

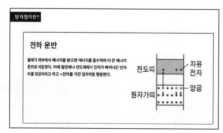

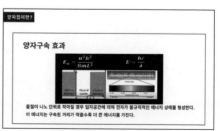

양자점이란?

양자점

물질의 크기가 나노 단위로 작아지면 전기적 광학적 성질이 달라진다.
달라진 성질을 이용할 수 있을 정도로 작은 반도체 소재를 양자점이라 한다.

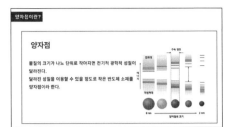

양자점의 광학적 특성

밴드갭과 흡수
양자점은 크기가 더 작을수록 더 큰 밴드갭을 가지며 이는 더 짧은 파장을 더 흡수할 수 있음을 의미한다.

크기에 따른 색상 변화
양자점의 크기가 변화하면 흡수할 수 있는 빛의 파장이 달라진다.

단일 광자 흡수
양자점은 단일 광자 흡수 현상을 보이며 매우 정밀한 에너지 레벨에서 광자를 흡수한다. 이는 단일 광자원이나 광자 통신에서 중요한 역할을 한다.

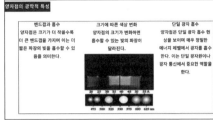

양자점 태양전지란?

양자점 태양전지의 기본 원리

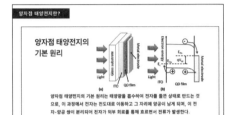

양자점 태양전지의 기본 원리는 태양광을 흡수하여 전자를 들뜬 상태로 만드는 것으로, 이 과정에서 전자는 전도대로 이동하고 그 자리에 양공이 남게 되며, 이 전자-양공 쌍이 분리되어 전자가 외부 회로를 통해 흐르면서 전류가 발생한다.

양자점 태양전지란?

양자점 태양전지의 현재 연구 현황과 효율성 개선 노력

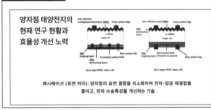

패시베이션 (표면 처리): 양자점의 표면 결합을 최소화하여 전자-양공 재결합을 줄이고, 전하 수송특성을 개선하는 기술

양자점 태양전지란?

양자점 태양전지의 현재 연구 현황과 효율성 개선 노력

다중 구조: 서로 다른 밴드갭을 가진 양자점을 층층이 쌓아 다양한 파장의 빛을 흡수적으로 흡수할 수 있게 한다. 이를 통해 단일 흡수층의 한계(이론상 최대 효율 33%)를 극복하고 효율을 높인다.

양자점 태양전지란?

양자점 태양전지의 한계 및 향후 연구 방향

1. 대규모 생산 및 상용화를 위한 공정 개발 및 비용 절감에 대한 연구가 현재 부족하기 때문에 이에 대한 방안으로서 콜로이드 합성법의 대규모 적용 가능성을 높이는 연구가 필요할 것으로 보인다.
2. 다양한 양자점 소자 및 전도성 고분자를 혼합하여 전극을 구성하는 하이브리드 구조와 같은 전지 구조의 복잡함을 해결하기 위해 양자점 배열 및 계면 구조를 최적화하여 효율성을 높이기 위한 합성 및 배열 기술에 대한 연구가 필요할 것으로 보인다.

결론

양자점 / 양자점 합성 / 양자점 태양전지

크기에 따라 다양한 에너지 준위를 가지는 양자점은 태양전지의 효율을 높이는 방향으로 활용이 가능하다. 현재 양자점이 가지고 있는 한계를 극복한다면 지속가능한 발전을 이루어낼 수 있다.

느낀점 -

느낀점 및 추가 탐구

느낀점 -

느낀점 및 추가 탐구

느낀점 -

느낀점 및 추가 탐구

책 읽기에서 탐구력으로
확장하는 법

6
장

주제 탐구의
시작과 마무리는 독서

　입시의 관점에서 탐구력 평가의 핵심은 바로 독서와 주제 탐구다. 독서는 단순히 지식을 습득하는 수단이 아니라, 생각을 확장하고 창의적으로 적용하기 위한 재료이다. 또 다양한 아이디어를 접하는 기회를 제공하고, 토론이나 논술로 발전할 수 있는 토대를 마련해 주기도 한다. 독서를 바탕으로 하는 탐구력은 앞으로 미래를 살아갈 아이들에게 가장 중요한 핵심 역량이다.

　현시점 대입에서는 대입 공정성 강화 방안으로 자기소개서가 폐지되고, 학교생활기록부에 반영되지 않는 요소가 늘어나며 독서 활동 상황란도 미반영된다. 그러나 독서는 독서 활동 상황란이 아닌 창의적 체험 활동과 세부능력 및 특기사항에 기록되면서 더욱 중요성이 높아지는 추세다. 이전의 독서 활동 상황란에는 도서명과 저자명만 기입했기 때문에 책을 얼마나 이해했는지 면접을 하지 않으면 알 수 없었으나, 이제 발표나 토론 등의 활동 내용을 함께 기입하면서 그 이해도나 탐구 활동을 같이 평가할 수 있게 되었기 때문이다.

그래서 주제 탐구 활동을 하고 나서 배경 지식을 심화시키기 위한 후속 활동으로 독서를 해도 좋고, 독서를 먼저 하다가 어떤 키워드나 관심사를 향한 호기심을 기반으로 다시 주제 탐구 활동을 할 수도 있다. 즉 독서는 주제 탐구의 시작이자 마무리인 셈이다.

특히 주제 탐구를 위한 독서는 교양 도서를 읽는 것과 성격이 다른 독서에 가깝다. 만약 생명공학에 관심이 있는 학생이라면 학교에서 배운 세포, 미생물, 유전자에 호기심을 느껴 관련 도서를 읽어 보는 것이 어찌 보면 당연한 수순이다. 전공 관련 독서를 하면 호기심이 꼬리에 꼬리를 물어 교과에서 배운 내용을 기반으로 배경 지식을 확장할 수 있을 뿐만 아니라, 자신이 해당 분야를 얼마나 알고 또 얼마나 모르는지 메타인지 능력도 키울 수 있다. 따라서 전공 분야별로 충분한 독서 목록을 준비하고, 독서를 통해 주제 탐구를 시작하는 것이 매우 중요하다.

대학에서도 이러한 지식의 확장을 중요하게 평가한다. 서울대학교는 독서의 중요성을 강조하는 대표적인 대학이다. '독서를 사랑하는 대학입니다'라는 슬로건을 내걸 정도다. 독서 활동 목록과 자기소개서가 없어도 지원자들이 독서로 쌓아 올린 지적 역량이 학교생활기록부 곳곳에서 드러난다고 이야기하며, 2025학년도 학생부종합전형 책자를 통해서도 독서로 생각을 확장해 온 학생을 기다린다는 내용을 명확히 언급했다.

<표 39>는 서울대의 학교생활기록부 기반 면접 및 구술고사 연구 자료이다. 독서 활동은 면접에서도 전공 역량과 적합성을 판단하는 데 가장 큰 비중을 차지한다. 학문을 향한 열정과 지적 호기심, 전공 관련 역량은 주제 탐구 활동과 후속 독서로 드러나게 된다. 독서는 다양한 분야에서 학생의 소양을 평가하는 중요한 요소 중 하나이기 때문에 주제 탐구 활동 전후로 독서를 통해 지식의 깊이를 더하기 위한 노력을 반드시 보여 줘야 한다.

활용 정보(건수)	평가 항목(건수)
독서(39)	전공 역량(18), 전공 적합성(19), 지원 동기(1), 학업 태도(1)
창체 자율(2)	전공 적합성(1), 학업 태도(1)
창체 동아리(14)	인성(3), 전공 역량(5), 학업 태도(6)
창체 봉사(3)	인성(3)
창체 진로(6)	전공 적합성(1), 지원 동기(5)
교과 세특(3)	학업 능력(3)
수상(1)	전공 적합성(1)
자기소개서(18)	인성(3), 전공 역량(12), 전공 적합성(1), 지원 동기(1), 학업 능력(1)
합계(86)	인성(9), 전공 역량(35), 전공 적합성(23), 지원 동기(7), 학업 능력(4), 학업 태도(8)

표 39. 학교생활기록부 기반 면접 및 구술고사 연구

독서를 통한 주제 탐구의 깊이를 보여 주기 위해 독서와 더불어 학술적인 글쓰기 훈련을 지속하는 것이 중요하다. 학생들은 문제 풀이에는 익숙하지만 능동적으로 지식을 탐구하거나 정리하는 훈련은 부족한 경우가 많다. 보통 책을 읽고 나면 감상문 형태로 글을 정리하는 경우가 많은데, 그것도 도움이 되겠지만 학술적인 의미의 탐구에서 의견을 잘 정리하는 능력도 필요하다. 논문 수준까지는 아니더라도 책의 성격에 맞게 내용을 요약하거나 비교·대조하고 해결책을 모색하는 등 읽고 쓰는 능력이 신장되어야 자신의 생각을 논리정연하게 펼칠 수 있게 된다. 이러한 능력은 직접 시도하고 경험하는 기회를 통해 얼마든지 발전시킬 수 있다.

글쓰기 실력이나 문해력은 꼭 국어 과목에 한정된 역량이 아니다. 지식을 탐구하는 과정은 결국 읽고 쓰기의 반복이기 때문에 앞으로 글을 읽고 쓰는 영역은 교육에서 더욱 중요한 영역으로 다뤄질 것으로 보인다.

1) 독서 활동에서 주제 탐구 활동으로 연계·심화·확장하기

독서 활동을 주제 탐구로 연계하는 가장 좋은 방법은 책을 읽은 후 생긴 호기심을 탐구 주제로 발전시키는 것이다. 책에서 접한 개념이나 지식을 세부 키워드로 정리하고, 이를 바탕으로 탐구 활동을 이어 가면 자연스럽게 좋은 주제를 선정하고 사고를 확장할 수 있다.

예를 들어 고등학교 통합과학 수업에서 '빅뱅'에 관한 간략한 내용을 배웠다면, 이와 연계하여 교과 역량을 강화하기 위해 어떻게 해야 할까? 책 《빅뱅의 메아리》(이강환, 마음산책)를 읽으면 교과서에서 배우지 않은 '암흑 물질', '웜홀'과 같은 단어들을 새롭게 접하게 된다. 이를 다시 탐구하며 지식을 확장한다면 교과 내용을 바탕으로 생긴 호기심을 탐구하고 배경 지식을 넓힌 독서 사례가 되는 것이다. 대학에서는 이를 통해 해당 학생이 교과 지식의 습득에만 그치지 않고 우주를 깊이 탐구할 의지가 있는 학생이라고 평가할 수 있다.

독서로 탐구 주제를 설정했다면 우선 다양한 매체와 학술 사이트, 신문 등을 검색하여 충분한 자료 조사를 해야 한다. 이때 전공(학과) 가이드북을 참고하여 주제를 적절히 조율하는 것도 필요하다. 마지막으로 자율, 동아리, 진로, 교과, 종합의견 등의 항목에 맞춰 학교생활기록부에 기재될 수 있도록 활동을 마무리하는 것이 바람직하다.

▶ 독서 기반 주제 탐구 활동을 기반으로 한 연계, 확장, 심화
  - 진로 독서 이후 키워드 중심으로 탐구 주제 선정
  - 핵심은 추가 자료 조사
  - 인터넷 검색 및 학술 관련 사이트, 신문 등을 검색하여 주제 탐구
  - 다양한 활동과 연계
  - 형식을 다양화하여 학교생활기록부 기록(TED/매체 활용, NIE, 최신 연구 동향 탐구)

▶ 학과 탐색을 통해 키워드를 검색하여 주제 탐구
  - 하나의 주제를 심화하거나 탐구하지 않은 다른 주제를 탐구
  - 주제를 좁혀 가며 심화된 내용을 탐구(사회복지-아동복지-다문화아동복지)

▶ 독서 기반 활동의 연계 및 확장, 심화 기록
  - 자율 활동, 동아리 활동, 진로 활동, 교과세특, 종합의견 등으로 기록 다양화

2) 교과 활동에서 창체 활동으로 연계·심화·확장하기

교과에서 수행평가를 바탕으로 주제를 연계하는 방법은 무엇일까? 독서 후 다양한 주제로 탐구할 때, 가장 간단하게 탐구 과정에 스토리를 추가하는 방법을 살펴보자.

특정 교과에서 자신의 진로 분야와 관련된 주제로 수행평가를 진행했다고 했을 때, 일반적으로 수행평가나 교과 활동은 한번 하고 나면 그 활동이 이어지거나 확장되지 않는 경우가 많다. 그러나 교과와 관련된 수행평가 이후 추가로 독서를 계획하거나, 같은 형식으로 다른 주제의 탐구 보고서를 작성할 수도 있다. 또 교내의 다양한 캠프나 아카데미에 참여하여 주제를 융합하거나 확장해도 좋다. <표 40>은 사회 수업 시간의 활동을 교내 여러 활동에 접목해 연계하고 심화 및 확장한 사례이다.

가장 쉽게 학생부종합전형을 준비하는 방법은 자신의 진로 분야와 가장 가까운 교과의 수행평가 주제를 대학 가이드북 등을 참고하여 심화·확장하는 것이다. 이것을 기반으로 진행한 탐구 활동 이후 같은 형식으로 가이드북의 다른 영역에 해당하는 주제로 탐구 활동을 해 보는 것을 권한다. 그렇게 하면 하나의 수행평가로 한 활동이 3, 4개의 활동으로 확장되는 것이 어렵지 않다는 것을 알게 될 것이다. 또 이러한 활동들이 창의적 체험 활동과 세부 특기사항으로 이어지면 활동 간의 연결고리가 생기고, 스토리가 형성된다.

▸ 사회과 수업의 창체 연계 사례
  - 교과 수업을 통해 사회과학 연구방법론, 질문지법 강의
  - 특수교사를 희망하는 학생들이 '시각 장애인의 체육시설 이용에 대한 설문지' 제작
  - 선생님의 도움을 받아 특수학교 학생들을 대상으로 설문 실시, 결과 분석
  → 내용을 과목별 세부능력 및 특기사항에 기록

↓ 기획의 핵심: 연계, 확장, 심화

▸ 주제 탐구 보고서 쓰기 - 진로 활동 특기사항, 과세특, 창체 독서 관련 기재
▸ 설문 결과를 종합하고, 단행본 도서를 읽고 확장된 주제 탐구 보고서 쓰기/토론/발표/실험
  - 진로활동 특기사항, 동아리 활동 특기사항, 과세특, 창체 독서 관련 기재
▸ 설문조사를 실시한 시각 장애인 학생들과 자매결연 맺기 및 프로젝트 봉사 활동
▸ 장애인 관련 정책, 예산 등에 대한 탐구 및 장애 인식 개선 포럼 운영
  - 자율 활동, 진로 활동 특기사항
▸ UCC 제작 및 캠페인 활동 전개
  - 자율/진로 활동 특기사항, 봉사 활동 시간 부여 및 종합의견 기재

표 40. 사회과 수업 활동 심화 사례

독서 활동을 위한 도서 탐색 방법

주제 탐구 활동의 주제를 탐색하기 위해 다양한 방식을 활용할 수 있지만, 그중에서도 여전히 독서만큼 좋은 수단은 없다. 하지만 많은 학생이 자신의 수준에 맞는 적절한 수준의 책을 찾고 기록하는 방법을 잘 알지 못한다. 책을 많이 읽다 보면 자연스럽게 좋은 책을 고르고 그에 맞는 독서법을 찾을 수 있지만, 아직 그 방법을 모른다면 자신의 수준과 진로에 맞는 책을 찾아 읽고 기록하는 법에 관해 차근차근 알아보자.

(1) 대학 추천 도서 탐색

우선 고려대학교 인재발굴처 웹사이트의 전공 안내 메뉴에서 전공별 가이드북을 내려받으면 각 학과별 추천 도서 목록을 확인할 수 있다. 또 지역 거점 국립대학에서도 학과별 추천 도서 목록을 제공하는 경우가 많다. 그중 부산대학교와 전남대학교는 세부 전공별로 추천 도서를 제공하여 이를 활용하기에 편리하다. 포털 사이트에서 '부산대학교 추천 도서', '전남대학교 추천 도서'라고 검색하면 추천 도서 목록을 PDF 파일로 내려받을 수 있다.

(2) 포털 사이트 활용

세부 전공 분야별 추천 도서는 포털 사이트를 통해서도 쉽게 목록을 확보할 수 있다. 예를 들면 '미디어학과 추천 도서'와 같이 '학과명+추천 도서' 또는 '세부 전공 분야+추천 도서'로 검색하여 전공 관련 도서 목록을 찾아보면 된다.

(3) 메이저맵

메이저맵 사이트(majormap.net)에서 관심 있는 학과를 검색하면 그 학과가 개설된 학교의 목록이 나온다. 그중 관심 있는 대학을 선택하고 화면 하단으로 내려가면 추천 도서 목록을 볼 수 있다. 메이저맵의 도서 추천 원리는 인공지능이 교수님의 전공과 교수님이 작성한 학업 계획서에 나오는 단어를 추출하여 키워드가 많이 노출되는 도서를 선별하는 것이다. 학교마다 인재상이 다르고 가르치는 교수님들의 전공도 각각 다르기 때문에, 같은 학과라도 학교가 다르면 추천 도서가 달라진다.

(4) 기관 추천 도서 검색

인문사회계열에 비해 자연공학계열로 진학하는 학생들은 독서

특별 프로그램

교직과정 설치
본인이 원한다면 지원을 통해
교직이수과정을 밟을 수 있습니다.
관련 필수 과목과 4주간의
현장실습을 거치면 됩니다.

다양한 국제교류 프로그램
사회학과는 동아시아 지역 대학들과
네트워크를 형성하고 있어서
학술대회 등 교류가 용이합니다. 그
밖에도 세계 주요대학의 사회학과와
네트워크가 구축되어 있어 다양한
국제교류 프로그램에 참여할 기회가
있습니다.

미리 보는 사회학

세계명저 사회학 30선
다케우치 요우. 지식여행. 2009
본격 사회학 입문 '소개서'입니다.
사회학이 무엇인지, 사회학을
어디서부터 시작해야 하는지 모르는
사람들에게 저자가 재미있게 읽은
사회학 명저 30편을 소개하고
있습니다. 이 책을 통해 사회학에
대한 감을 잡고, 소개된 책들 중에
마음에 드는 책을 한 권쯤 골라 읽는
것도 괜찮을것 같습니다.

사회학에의 초대
피터 L. 버거. 문예출판사. 1995
저자의 '사회학'에 대한 사회학적
고찰이 가득 담겨있습니다. 위에
소개한 책을 먼저 읽고 천천히
이 책을 보는 것을 추천합니다.
이 책에서는 사회학의 인문학의
친화성과, 사회학이 제시하는
문제 의식에 대해서 깊게 고민하고
있습니다. 조금은 어렵지만,
"사회학이란, 실에 매달려 움직이던
꼭두각시가 어느 날 문득 고개를
들어 자신의 몸에 달린 실이
어디서부터 온 것인가를 올려다보는
것과 같다."라는 저자의 멋진 정의에
매혹되어서라도 충분히 읽어 볼만한
책입니다.

학과목에 대하여

사회를 제대로 보기 위한 '분석의 틀', 이론

콩트(Auguste Comte)에서 마르크스(Karl Marx),
베버(Max Weber) 등 사회학 거장들의 이론을 배우고
잘 다지는 것이 사회학의 시작입니다. 사회 현상의
보이지 않는 이면을 보기 위해서는 현실을 분석,
해석하는 방법을 배워야 하는데 고전 사회학 이론에서
배울 수 있는 것은 그러한 해석의 방법과 뿌리입니다.
변화해가는 사회를 설명하기 위해 등장하는 각종
현대 사회학 이론은 상당수가 고전 사회학 이론에
일정 부분 근거를 두고 있습니다. 따라서, 사회학적
기초를 다지는 '사회학적상상력', 고전 사회학을
공부하는 '사회학발달사'와 현대 사회학을 살펴보는
'현대사회학이론'은 우리 학과의 필수과목입니다.

과학적 연구의 시작, 통계와 연구 방법론

이론을 뒷받침하는 자료를 어떻게 모으고 가공할 것인지에
대해 연구합니다. 복잡한 사회현상에 대한 과학적 연구를
지향하며 자료의 정확도를 높이기 위한 방법을 배웁니다.
따라서 우리 학과에서는 '사회 조사방법'과 '사회통계'를
필수과목으로 지정하여 가르치고 있습니다. 그밖에
'사회조사실습', '질적연구방법' 등이 있습니다.

'분야'를 정해 분석해 보기, ○○사회학

주요한 사회학의 분야에는 가족사회학, 경제사회학,
교육사회학, 노년사회학, 노동사회학, 도시사회학
농촌사회학, 문화사회학, 범죄사회학, 사회심리학,
역사사회학, 정치사회학, 젠더사회학, 조직사회학,
종교사회학, 정보사회학, 환경사회학, 의료사회학,
복지사회학 등이 있습니다. 각 분야에서 어떠한 사회
현상이 나타나고, 어떻게 변해왔는지, 어떻게 변해갈지를
살펴보게 됩니다.

사회학과의 어제와 오늘

1963년 근대적 사회변동의 시대적 요청으로 학과가 창설되었습니다. 초창기부터
지금까지 사회분석과 사회발전을 위한 패러다임과 방법론을 찾으려 노력하고,
사회 발전에 필요한 수많은 전문인력을 배출하였습니다. 2023년 60주년을
맞이할 사회학과는 우리 사회에 필요한 인재양성과 지식을 창출하는 역할을
도맡고 있습니다.

사회학과의 미래

'사회'가 아닌 곳이 어디 있을까?

여성, 의료, 노동 등 우리가 살아가는 환경 속에서, '사회'가 아닌 곳을 찾기는
힘듭니다. 특히 요즘 같이 기술의 발전 속도가 빨라지고, 사회도 엄청난 속도로
변화하는 때에는 새롭게 등장하는 사회적 현상에 대해서 깊이 있게 볼 줄 아는
이가 점점 더 많이 필요합니다. 청소년 문제, 왕따 문제 등이 심각해지면 그에
맞는 정책을 세우기 위해서 범죄사회학과 가족(내의 청소년과 아동)사회학을
연구하는 사람들이 필요합니다. 예상하지 못했던 경제적 타격에 대해서는
경제학자들이 우선적으로 연구하겠지만, 그 타격을 경험하고, 움직이는 사람들과
사회를 연구할 경제사회학자도 필요하겠지요? SNS가 유행하면서 온라인
공간에서 일어나는 현상들을 파악할 정보사회학도 비중이 커질 것입니다.
세계화로 인해 외국인과 이주배경 소수집단이 증가하면서 한국사회는 다민족,
다문화사회로 변화가는 이주민과 선주민이 공존하는 사회를 만들기 위해
이민연구에 대한 수요는 증가할 것입니다. 이렇게, 사회학의 미래와 역할은
변화하는 인간 사회와 더불어 무궁무진합니다.

고려대학교 전공 가이드북 도서 추천

재료공학부 - 강남현 교수		
창의력 교육 어떻게 할 것인가?	앨런 조던 스타코/이남진	㈜한언
꿈의 물질, 초전도	김찬중	하늬바람에 영글다
과학자가 되는 길	미국과학한림원/미국공학한림원/미국의학한림원	글램북스
앨런 튜링 : 생각하는 기계, 인공지능을 처음 생각한 남자	짐 오타비아니, 릴런드 퍼비스/김아림	푸른지식

산업공학과 - 박찬석 교수		
이공대생을 위한 수학특강	박석재	보누스
(청소년을 위한) 물리학	최완섭	북스힐
피셔가 들려주는 통계 이야기 (과학자가 들려주는 과학이야기 67)	정완상	자음과모음
(청소년을 위한) 경영학 오딧세이	이경식	역사넷
The Goal	엘리 골드렛, 제프 콕스	동양문고

항공우주공학과 - 김위대 교수		
레오나르도 다빈치가 들려주는 양력 이야기 (과학자가 들려주는 과학 이야기1)	송은영	자음과모음
치올콥스키가 들려주는 우주 비행 이야기 (과학자가 들려주는 과학 이야기 2)	송은영	자음과모음
(민음 바칼로레아 13) 비행기는 어떻게 날까?	장밥티스트 투샤르	민음IN
처음읽는 미래과학 교과서 5 : 우주과학	채연석	김영사
우주로켓	조경철	별공작소

건설융합학부 건축공학전공 - 이상호 교수		
에너지 세계 일주	블랑딘 앙투안 외/변광배 외	살림
반드시 알아야 할 50 위대한 세계사	이안 크로프턴/박유진, 이시은	지식갤러리
지혜로 지은 집, 한국 건축	김도경	현암사
남겨진 역사, 잃어버린 건축물	조너선 글랜시/백자은	멘토르
건축, 음악처럼 듣고 미술처럼 보다	서현	효형출판

건설융합학부 건축학전공 - 이인희 교수		
화학 교과서는 살아있다	조너선 글랜시/백자은	멘토르
지혜로 지은 집, 한국 건축	김도경	현암사
한국 유교건축에 담긴 풍수 이야기	박정해	CIR
고성능 주택 디자인과 시공	프랜카 트루비아노 외 13인	
미술은 철학의 눈이다 : 하이데거에서랑시에르까지 현대철학자들의미술론	서동욱 외 11인	문학과지성사

건설융합학부 도시공학전공 - 정주철 교수		
내일의 도시	피터 홀	한울아카데미
도시의 승리	에드워드 글레이저	해냄출판사
미국 대도시의 죽음과 삶	제인 제이콥스	그린비
침묵의 봄	레이첼 카슨	에코리브르

부산대학교 추천 도서

공학대학	학과/부	도서명	저자명
	화공생명공학과	과학혁명의 구조	토마스 S. 쿤 (홍성욱 역)
		역사를 바꾼 17가지 화학이야기 1, 2	페니 르 쿠터, 제이 버레슨 (곽주영 역)
	건축디자인학과	발칙한 건축학	왕리
		구조의 구조 (건축가를 위한 건축구조 이야기)	함인선
		건축, 음악처럼 듣고 미술처럼 보다 (인문적 건축이야기)	서현
		헬스케어 이노베이션	최윤섭
	의공학과	일렉트릭 유니버스	데이비드 보더니스
		과학 도시락 (맛있고 간편한)	김정훈
		커넥션 (생각의 연결이 혁신을 만든다, 세계를 바꾼 발명과 아이디어의 역사)	제임스 버크
		헬스케어 이노베이션	최윤섭
	기계IT융합공학과 (계약학과)	창의력에 미쳐라	김광희
		세상에서 가장 재미있는 물리학	아트 후프만
		위험한 과학책	랜들 먼로
		스티브잡스	월터 아이작슨
	스마트융합공정공학과 (계약학과)	IT 삼국지	김정남
		빅데이터 승리의과학	고현석
		인공지능과 딥러닝	마쓰오 유타카 (박기원 역)
		스티브잡스	월터 아이작슨
	스마트전기제어공학과 (계약학과)	에너지혁명 2030	토니 세바
		만화로 쉽게 배우는 전자회로	다나카 켄이치
		아인슈타인 일생 최대의 실수	데이비드 보더니스 (이덕환 역)
		스티브잡스	월터 아이작슨

전남대학교 추천 도서

목록을 확보하는 데 어려움을 겪는 경우가 많다. 한국과학창의재단은 매년 우수 과학 도서를 선정하여 발표하기 때문에, 신간 도서를 중심으로 자신의 전공 분야 도서를 탐색하는 데 유용하다. 지난 5~6년 동안 발표된 도서들을 살펴보며 전공 분야에 맞는 도서 목록을 정리해 보면 된다.

(5) 인터넷 서점 도서 검색

교보문고, 예스24, 알라딘과 같은 사이트에 접속하여 원하는 책 제목을 검색하면, 해당 책의 상세 페이지 아래에 '이 책을 구매한 사람들이 함께 구매한 도서' 목록이 나타난다. 이 목록은 독자들이 선호하는 추가 도서들을 제시해 주므로, 관련된 주제나 비슷한 분야의 책을 찾는 데 매우 유용하다. 이렇게 추천된 책들을 참고하면, 자신의 관심사에 맞는 다양한 도서를 발견할 수 있고 각 책의 리뷰와 평점을 확인할 수 있어 선택에 도움을 받을 수 있다.

(6) 인공지능 활용 추천 도서 검색

생성형 인공지능을 이용하여 관심 학과의 추천 책을 물어보면 맞춤형 도서를 알려 주기 때문에, 각자의 상황에 맞는 도서를 찾아보기 쉽다. 방대한 데이터베이스를 바탕으로 원하는 정보를 빠르게 탐색할 수 있고, 스마트폰이나 PC로 언제 어디서든 접근할 수 있어 활용성이 높다는 장점도 있다.

2023년 우수과학도서 인증제 선정 도서 목록

총 20종 도서 선정

연번	부문	도서명	출판사
1	어린이	지켜라! 멸종 위기의 동식물	(주)동아엠앤비
2		채소, 역사 꽃이 피었습니다	봄개울
3		열두 달 지구하자	(주)알에이치코리아
4		인간과 동물의 일곱 가지 감각 이야기	(주)도서출판아테나
5		지구를 위해 달려라, 적정 기술	우리학교
6		브리태니커 만화 백과 70. 나사와 첨단 우주 과학	(주)미래엔
7		어린이를 위한 자연은 위대한 스승이다	(주)김영사
8		식량이 문제야! 먹거리로 본 기후 변화	위즈덤하우스
9	청소년	지금 우리가 할 수 있는 일: 기후 위기로 병든 지구를 살리는 작은 실천	청어람미디어
10		생명과학, 바이오테크로 날개 달다	(주)한국문학사
11		적도에 펭귄이 산다	(주)도서출판푸른숲
12		미래를 읽는 최소한의 과학지식	가나문화콘텐츠
13		김상협의 무지개 연구	(주)사이언스북스
14		인간이 만든 물질, 물질이 만든 인간	(주)김영사
15	성인	푸드 사피엔스	(주)지학사
16		아파트 속 과학	어바웃어북
17		챗GPT 거대한 전환	(주)알에이치코리아
18		이토록 굉장한 세계	어크로스
19		복잡한 세상을 이해하는 김범준의 과학 상자	(주)바다출판사
20		휘어진 시대 1	궁리

엮어 읽기와 깊이 읽기 독서법

독서를 통해 보여 줘야 하는 것은 책을 읽고 자신의 진로 분야에 대한 배경 지식이 점차 심화되어 가는 과정이다. 자신이 관심을 가진 분야에 깊이 있게 파고들고 있다는 것을 보여 주기에 가장 적합한 독서 방법은 '엮어 읽기'와 '깊이 읽기'이다.

1) 엮어 읽기(다독) – 1학년

'엮어 읽기'는 특정한 주제나 체계를 설정하여 책을 읽는 방식이다. 이는 관심 있는 분야에 대한 독서의 방향성과 흐름을 설정해 준다. 자신이 관심 있는 여러 분야를 정한 후 그에 맞는 책 몇 권을 선택하여 단계적으로 읽는 것이 중요하다.

어떤 책을 읽으면서 생긴 궁금증을 해결하기 위해 관련된 다른 책을 찾아보거나, 그 책에서 언급된 다른 도서를 읽는 것이 '엮어 읽기 독서법'이다. 또 내가 읽은 책의 저자가 쓴 다른 작품을 읽는 것도 이 방식에 포함된다. 인터넷 도서 검색에서 나오는 '이 책을 구매하신 분들이 함께 구매하신 상품'을 찾아보는 것도 하나의 팁이다. 이러한 독서 방법은 같은 주제의 책을 반복적으로 읽음으로써 모호했던 개념을 명확히 이해하고, 다양한 정보 간의 우열을 판단하거나 자신의 관점을 확립하는 데 매우 효과적이다.

이렇게 특정 분야의 책을 읽을 때 가장 효과적인 독서법은 '목차에 따라 요약하며 읽기'와 '목차에 따라 자신의 생각을 정리하며 읽기'라고 할 수 있다. 교양을 쌓기 위해서가 아니라 특정한 목적을 가지고 읽을 때 중요한 내용을 확인하며 읽는 것이 이해에 도움이 된다. 또 독후감을 제출하기 위한 독서가 아니기 때문에, 자신의 생각으로 책 내용을 재구성하기보다 목차에 따라 핵심 내용을 요약하는 것이 더욱 유용하다.

목차에 따라 요약할 때는 제목과 목차, 대주제 및 소주제 등의 키워드를 정리하고, 그 아래에 핵심어와 주제문을 정리해야 한다. 자신의 생각을 정리하기 위해 공감이 가는 문장이나 주제문에 밑줄을 긋거나 더 알고 싶은 주제를 메모하면서 읽는 것이 필요하다. 자신의 느낌이나 생각, 반론을 정리해 보는 것도 도움이 된다.

이 방법은 일반적인 교양 서적보다 진로와 전공 독서에 한정하여 사용하는 것이 좋다. 이러한 독서법을 두고 전문가들 사이에서 찬반 의견이 있지만, 지식을 정리하며 적극적으로 읽기 위해서는

1. 목차에 따라 요약하기

  1) 핵심어 찾기

    – 글에서 반복적으로 사용되는 단어 확인하기

  2) 문단별 주제문 찾기

    – 중요도 평정하기(문단을 구성하고 있는 문장을 중요도에 따라 순서를 매기며 읽으면서
주제문을 찾는 것)

  3) 접속사 확인하며 읽기

2. 목차에 따라 자신의 생각 정리하기

  1) 자신의 느낌 적기

  2) 자신의 생각이나 반론 정리하기

책에 밑줄을 긋고 여러 정보를 필기하며 읽는 것만큼 효과적인 독서법은 없다. 이런 구조 독해는 국어 영역의 독서(비문학) 공부에도 큰 도움이 된다.

2) 깊이 읽기(정독) - 2, 3학년

'깊이 읽기'는 책을 읽는 과정에서 발생하는 어려운 개념이나 의문을 정리하고, 독서 중이나 후에 관련된 도서를 통해 의미를 심화하고 확장하는 독서법이다. '깊이 읽기'에 필요한 자료가 반드시 단행본일 필요는 없다. 인터넷 검색으로 어려운 용어를 찾아보거나 특정 사건의 역사적 배경을 이해하며 읽는 것도 이 방법의 일환이 될 수 있다. 또 이해되지 않는 부분을 해당 과목의 교사에게 질문하며 읽는 것도 '깊이 읽기'를 위한 효과적인 방법이다.

깊이 있게 글을 읽기 위해 필요한 것은 자료 조사를 통해 의미를 확장하며 읽는 것이다. '엮어 읽기의 진로 독서'에서 자신의 생각을 느낌이나 생각으로 단순하게 정리했다면, '깊이 읽기의 진로 독서'에서 관련 자료를 찾아가며 의미를 깊이 탐구해야 한다. 내용을 심화시키기 위한 전공 지식을 추가로 조사해 봐도 좋다. 요즘은 인터넷을 통해 자료 조사를 쉽게 할 수 있기 때문에, 모르는 내용을 지속적으로 탐색하고 그 내용을 목차별 요약에 포함하면 더욱 수월하게 깊이 읽기를 할 수 있다.

깊이 읽기를 위한 진로 독서법

1. 엮어 읽기의 목차별 요약하기
2. 항목별 심화 배경 지식 탐색하기
   1) 이해되지 않은 내용에 대한 자료 조사
   2) 내용을 심화시키기 위한 전공 지식 추가 자료 주사

이같은 '엮어 읽기'와 '깊이 읽기'의 과정을 잘 정리해 좋은 문구로 기록하면, 입학사정관이 평가할 때 학생의 관심사와 심화된 배경 지식을 쌓는 과정을 충분히 이해할 수 있게 된다.

학년별 진로 독서 로드맵

1학년 때부터 특정 분야에 관심이 있다고 해서 너무 좁은 주제로 책을 읽을 필요는 없다. 독서는 넓은 범위에서 시작해 점점 범위를 좁혀 가는 방식으로 이루어져야 한다. 예를 들어 고분자공학에 관심이 있는 학생이라면 먼저 화학공학에 대한 전반적인 이해를 다룬 책들을 읽고, 점차 고분자 쪽으로 방향을 잡는 것이 좋다. 또 다문화가정 복지에 관심이 있는 학생은 사회복지학 전반을 다룬 책을 1학년 때 읽고, 나중에 다문화 관련 책으로 관심을 좁히면서 수준을 높이면 된다. 따라서 가장 좋은 방법은 교과에서 다루는 쉬운 책들 중 관심 있는 분야의 책부터 독서를 시작하는 것이다.

진로 독서를 위한 도서는 전공, 전공·교양, 교양 서적으로 나눌 수 있다. 구체적으로 1학년 때는 전공·교양 서적과 교양 서적의 비중을 늘리고, 전공 서적은 한두 권만 읽으면 충분하다. 2학년 때는 전공과 전공·교양 서적의 비중을 늘리고, 교양 서적은 교과에서 추천하는 정도만 읽으면 된다. 3학년 때는 가장 관심 있는 세부 전공 분야에 집중하여 심화 독서를 해야 하므로 전공 서적의 비중을 늘리는 것이 좋다.

전공 서적은 대학 홈페이지에서 학과별 교육과정을 찾아보거나 과목명으로 인터넷 검색을 해서 찾을 수 있다. 전공 도서로 가장 기본이 되는 것은 'OO학 개론'이나 'OO의 이해' 같은 대학교 1학년 전공 기초 도서이다. 개론서는 해당 전공 분야의 가장 기초적인 내용을 다루기 때문에, 이를 통해 자신이 전공을 희망하는 분야의 정확한 내용을 확인하고 전공을 조정하거나 확정할 수 있다. 물론 아무리 쉬운 책이라도 대학생을 위한 것이므로 고등학생에게는 어려울 수 있으니, 너무 어려운 내용은 표시하면서 넘어가거나 교과 선생님께 질문하며 1학기 동안 천천히 읽어 나가는 것을 권장한다.

전공·교양 서적은 포털 사이트에서 해당 학과 추천 도서로 검색하면 쉽게 찾을 수 있다. 교양 서적으로는 베스트셀러를 선택해도 되고, 학교 추천 도서 목록을 참고해도 된다.

학년별로 읽어야 할 책 목록을 미리 정리하는 것도 진로 독서 로드맵을 만드는 데 큰 도움이 된다. 이때 고려해야 할 것은 '엮어 읽기'가 충분히 이루어지고 있는지 확인하는 것이다. 자신의 연간 독서 계획을 세우고 학기 중에 1권, 방학 중에 3~4권만 읽어도 1년 동안 읽어야 할 독서량으로 충분하다.

	전공	전공·교양	교양
1학년 (전공·교양 및 교양 중심)	진로 분야의 기초 서적 탐독	전공 분야의 위인 평전 탐독	인문·사회·과학 등 다양한 분야를 탐색하는 독서 활동
2학년 (전공 및 전공·교양 중심)	진로 분야에 초점을 맞춘 심화 독서	전공 분야의 전문가들이 저술한 도서 탐독	전공 분야의 고전 탐독 / 리더십, 인성, 소통 능력을 키울 수 있는 도서 탐독
3학년 (전공 중심)	세부 전공 분야에 초점을 맞춘 심화 독서	전공 분야의 전문가들이 저술한 도서 탐독	전공 분야의 고전 탐독

※ 2·3학년의 전공 도서는 진로 전공 분야의 학술 자료를 읽는 활동을 병행할 수 있음

표 41. 학년별 독서 로드맵을 위한 도서 선택 방법

사고를 키우는 독서 기록 방법

독서를 바탕으로 사고력과 탐구력을 기르기 위해서는 그 과정과 절차를 충분히 이해하고 경험해 볼 필요가 있다. 그러한 경험이 쌓이다 보면 책을 읽고 기록하며 자연스럽게 자기주도적으로 사고하는 습관이 생기고, 생각이 체계적으로 정리되어 면접에서 답변을 논리적으로 표현하는 데에도 도움이 된다. 이는 입시뿐 아니라 장기적으로 자신의 축적된 지식 자산이자 평생 학습의 기반이 되는 경쟁력으로 자리 잡을 것이다.

1) 교양 서적 독서 기록

진로 탐색을 위한 교양 서적은 인물의 일대기를 다룬 평전이나 자서전, 인성 함양을 위한 도서, 리더십 함양을 위한 도서로 구분할 수 있다.

전공 및 전공·교양 서적과 달리 교양 서적은 대부분 수필이나 실용문에 가까운 성격을 지닌다. 일반적인 도서 감상문은 자신의 감상을 자유롭게 표현하지만, 진로 독서의 경우 책을 읽고 자신의 생각을 체계에 따라 정리한다는 점에서 차이가 있다. 즉 교양 서적을 읽더라도 진로 독서를 하고 난 후의 서평은 책 내용을 정리하고 자신에게 가장 인상 깊었던 구절이나 내용을 체계적으로 정리해야 한다. 구체적으로 책의 내용 정리, 책에 대한 자신의 생각 정리, 책의 내용과 자신의 진로 및 전공 분야를 연결 짓는 세 가지 측면을 고려하여 작성할 수 있다.

<표 42>에 따라 책 내용을 먼저 정리한 후 자신의 생각이나 진로 및 전공 분야를 연결하는 연습을 꾸준히 하면, 책 내용을 체계적으로 이해할 뿐 아니라 내용 정리 연습으로 쓰기 능력도 향상될 것이다.

'책 내용 정리'와 '책 내용에 대한 생각 정리'는 독서 일지의 형태로, 책을 읽으면서 그때그때 기록하는 것이 좋다. '책 내용과 사회 연결하기'와 '자신의 진로 및 전공 분야 연결하기'는 책을 다 읽은 후 인터넷을 이용하여 관련 자료를 충분히 검색하면서 진행하기를 추천한다. 또 '자신의 진로 및 전공 분야 연결하기'의 경우, 억지로 모든 책이나 내용을 자신의 진로 및 전공 분야에 연결할 필요 없이 자연스럽게 연결될 때만 작성하면 된다.

제목·저자		
책 내용 정리하기	목차별 핵심 내용	
	가장 인상적인 문장과 그 이유	
	새로 알게 된 내용	
	이해하기 어려운 부분이나 더 알고 싶은 내용	
책 내용에 대한 자기 생각 정리하기	책 내용과 관련한 나의 경험이나 생각	
	책을 읽고 바뀐 나의 생각	
책 내용과 사회 연결하기	책 내용과 관련한 사회 현상이나 이슈	
진로·전공 분야와 연결하기	책 내용 가운데 나의 진로·전공 분야에 참고할 만한 부분	
	나의 진로·전공 분야에 필요한 자질과 책에서 배운 내용	

표 42. 교양 서적 독서 기록 예시

6장 × 책 읽기에서 탐구력으로 확장하는 법

이 글은 한 학생이 IT 박람회를 다녀온 후 정보통신 분야와 관련된 책을 읽고 작성한 기록이다. 실제 글은 훨씬 방대한데, 휴대전화 등 IT의 다양한 분야뿐 아니라 조선업까지 다룬 내용을 포함하기 때문이다. 이 학생은 정보통신 분야를 소개하는 책과 함께 IT 기업 창업자들의 이야기를 다룬 책도 읽었다. 특히 진로와 전공 분야인 경제학·경영학과 연결 지어, 정보통신 분야를 주제로 한 보고서를 완성했다. 이 과정에서 읽은 내용을 충실히 정리하고 확장하면서 진로와 전공 분야의 소양을 드러내는 글을 작성할 수 있었다.

이처럼 읽은 책의 내용을 정리하고 이를 확장하는 진로 독서와 서평 쓰기는 고등학교 3학년 시기의 면접 준비 시에도 큰 도움이 될 것이다.

주제: IT 기술을 통해서 본 대한민국 경제(주력 산업)의 전망

내용: 삼성이나 LG 등 세계적으로 인정받는 우리나라 기업의 기술력 등을 보면 '역시 대한민국의 기술이 최고다'라는 생각이 들었지만, 한편으로는 안심할 수 없었다. 그 이유는 바로 '달아나는 일본'과 '쫓아오는 중국' 때문이다. 특히 중국의 기술 추격은 무서울 정도였다. 미래창조과학부와 한국과학기술기획평가원의 기술 수준 평가에 따르면 한중 간 기술 격차는 1.4년에 불과하다. 2010년 2.5년, 2012년 1.9년으로 한국 기술을 바로 등 뒤에서 바짝 따라오고 있다. 우주 등 14개 분야는 중국 기술이 한국을 이미 추월한 상태다. 한마디로 기술과 혁신의 역류가 우려되는 형국이다. 코끼리가 치타의 속도로 쫓아오고 있다는 경계론이 언론에서도 스멀스멀 나오고 있다.

　　문제는 코끼리가 다른 부문에서 내는 속도다. 먼저 우리가 앞선다는 디스플레이 분야를 보자. 중국 기업들은 2018년까지 디스플레이 생산 능력을 한국 기업 수준으로 끌어올린다는 계획을 세웠다. 이렇게 되면 중국과의 치킨 게임은 불가피해진다. 공급 과잉 상태에서 생산량이 더 늘어나면 단가 경쟁에 돌입해야 하는데, 한국 기업이 불리할 것이라는 전망이 우세하다. 실제로 국내에서도 우리나라 제품이 너무 비싸서 비슷한 사양에, 가격은 저렴한 중국산을 활용하는 사람들이 늘고 있다. 2000년대 후반 반도체 메모리(동적 램) 시장에서 일본 '엘피다 메모리'와 독일 '키몬다' 등이 단가 하락을 못 견디고 삼성전자에 굴복한 것이 거꾸로 재현될 가능성이 있다는 진단이다. 현재 중국에서 평판 디스플레이 시장의 주력 품목인 액정 표시 장치 분야 1위를 달리는 'BOE'와 그 뒤를 잇는 '차이나스타', 'CEC 판다'의 기세가 무섭다.

느낀 점: 우리나라 주력 산업인 IT의 강점과 세계적 추세를 바탕으로 한계점까지 알 수 있었다. 한국 기업들은 새로운 기업가 정신과 창조적 파괴가 필요한 상황에 부닥쳤다. 다행히 우리나라는 중국보다 정치적·금융적인 측면에서 꽤 안정적인 편이다. 중국의 강점과 약점을 잘 파악해, 우리 기업들이 다시 승승장구하는 모습을 보여 주기를 희망한다. 뼈를 깎는 혁신과 쇄신은 고통을 수반하지만, 지금 우리는 멀리 봐야 할 때다.

전공 적합성: 현재 우리나라의 주력 산업인 IT의 현황을 분석할 수 있었고, 그 과정에서 우리 기업에 필요한 것이 기업가 정신인 점도 알았다. 이를 미국 경제학자 조지프 슘페터의 이론과 비교해 공부하는 계기로 삼을 수 있었다.

2) 전공 심화 독서 기록

전공 서적은 일반적으로 생활 글쓰기(수필)와 다르게 구어체가 아니라 문어체로 기록되는 경우가 많고, 개념어나 추상어도 자주 사용된다. 또 학문의 심화 내용을 논리적으로 전개하는 구조를 가져 목차가 매우 세부적이고 체계적으로 구성되는 특징이 있다.

따라서 전공 심화를 위한 독서에서 목차에 따른 핵심 내용 요약과 자신의 생각 정리가 중요하다. 이를 고려하여 기록도 내용을 정리하는 방식으로 이루어져야 한다. 결국 전공 심화를 위한 독서 기록은 '동기-책 내용 정리-전공과의 연관성 찾기-엮어 읽기와 깊이 읽기로 나아가기'의 과정에 따라 정리된다. <표 43>에 따라 도서 목차별 개념어와 주제문 등을 메모하며 기록해 보자.